십대를 위한 15가지 질문법

공부력 상승 **챗GPT 200% 활용법**

장대은 지음

매경주니어

프롤로그

챗GPT와 함께하는 특별한 모험

유튜브, 세상을 품다

   요즘 연예인 이상의 인기를 누리는 이들이 있습니다. 바로 유명 유튜버들입니다. 여러분도 즐겨보는 유튜브 채널들이 있지요? 풍성한 콘텐츠로 무장한 다양한 주제의 유튜브 채널들은 TV나 케이블 방송과는 또 다른 즐거움을 줍니다. 그런데 유명 유튜버들은 어떻게 그렇게 재미있고 유익한 콘텐츠를 계속 만들 수 있는 걸까요? 단순히 재미있을 것이라 여기는 주제의 영상을 그냥 제작하는 걸까요? 그게 그렇게 쉬운 일은 아닐 겁니다. 그들은 끊임없이 질문을 던지며 다양한 정보를 분석하고,

세상을 살피며 새로운 아이디어를 짜내기 위해 엄청난 노력을 하고 있지요.

'어떤 주제가 시청자들에게 인기를 끌까?'

'어떻게 하면 더 재미있고 유익한 영상을 만들 수 있을까?'

대중의 사랑을 받다가도 하루아침에 관심에서 멀어질 수 있다는 것을 알기에 그들은 더 나은 콘텐츠를 만드는 노력을 쉼 없이 한답니다.

인공지능, 인간을 이기다

2016년 3월, 세계적인 바둑 천재 이세돌 9단은 인공지능 알파고와 바둑 대결을 펼쳤습니다. 안타깝게도 대결의 승자는 인공지능 알파고였어요. 누구도 예상하지 못한 결과였지요. 이는 바둑 기사 이세돌 한 사람만의 패배가 아니었어요. "인류의 패배다"라고 탄식하는 사람들이 적지 않았지요. 이 사건을 계기로 사람들은 전에 던지지 않던 질문을 던지기 시작했습니다.

'인공지능이 벌써 이 정도로 발전했단 말이야?'

'인공지능이 못 하는 게 뭐지?'

'인간이 하던 수많은 일들이 인공지능으로 대체되는 것은 시간문제 아닐까?'

인공지능이 보여준 능력은 정말로 놀라웠습니다. 그 발전 속도도 너무 빨라 두려움까지 느끼는 사람들이 많았답니다. 이런 상황 속에서 사람들은 또 다른 질문을 던지기 시작했어요.

'그럼 인공지능 시대에 인간만이 할 수 있는 일은 무엇이 있을까?'

'인공지능 시대에 대체 불가능한 사람이 되기 위해 지금 무엇을 준비해야 할까?'

인공지능은 우리가 상상하지 못한 방식으로 우리의 삶을 변화시키고 있습니다. 새로운 가능성을 열어주는 동시에 다양한 위기도 함께 안겨주고 있지요. 이러한 상황에서 우리는 무엇을 어떻게 준비해야 할까요?

인공지능 시대 = 질문의 전성시대

여러분은 일상에서 질문의 힘을 느껴본 적이 있나요? 우리는 질문을 통해 더 나은 아이디어를 얻고, 더 나은 결정을 내릴 수 있답니다. 질문은 차이를 발견하고, 차이를 만드는 최고의 도구이기 때문이지요. 오늘과 다른 내일의 차이를 만들어내는 현장에서는 언제나 새로운 질문들과 그것을 해결하려는 시도들이 넘쳐난다는 것을 볼 수 있습니다.

그런데 질문은 항상 우리 주변에 있어왔지만 질문의 힘을 제대로 알고 누려본 사람은 그리 많지 않을 거예요. 왜냐고요? 우리가 살고 있는 한국 사회에서는 오랫동안 질문이 허용되지 않았기 때문이에요. 질문하는 문화가 아니다 보니 질문이 없는 학교, 그러한 사회를 오랜 시간 살아야 했답니다. 오늘날을 살아가는 청소년 여러분도 크게 다르지는 않은 것 같아요.

그러나 이제는 달라져야 해요. 이미 다가온 인공지능 시대에 자신이 바라는 삶을 살기 원한다면 여러분은 질문 능력을 갖춰야 합니다. 인공지능 시대는 그 어떤 기술보다 질문하는 기술이 중요한 시대이기 때문이에요. 세상은 너무도 빠르게 변화하고 있어요. 인공지능 시대는 우리에게 수많은 새로운 경험을 안겨주고 있어요. 우리는 변화하는 이러한 세상을 향해 질문을 던지며 변화에 뒤처지지 않는 사람이 되어야 합니다. 변화를 만들어내는 사람이 되어야 해요. 그러기 위해 질문하고 생각하는 것이 일상인 사람이 되어야 하지요. 그냥 하는 생각에 머물러도 안 되고 최고의 생각을 창조해야 합니다.

챗GPT에서 길을 찾다!

그런데 이런 상황 속에서 여러분에게 굉장히 좋은 기회가 찾아왔다는 사실을 아세요? 어떤 기회냐고요? 바로 생성형 인공지능 챗GPT의 출현으로 생겨난 기회예요.

챗GPT는 우리가 던지는 다양한 모든 질문에 답을 제공해주는 인공지능이에요. 가끔 실수하기도 하지만 답변의 수준은 절대로 무시할 수 없는 수준이랍니다. 예전에는 질문을 하려 해도 질문을 받아줄 대상이 거의 없었어요. 관심사가 생기고 궁금한 것이 있어도 풀 방법이 없었지요. 질문에 답변해줄 사람을 주변에 두고 살아가는 사람들이 얼마나 있었겠어요? 그런데 챗GPT와 같은 생성형 인공지능은 우리의 어떠한 관심과 질문에도 언제든 답할 준비가 되어 있어요. 예전이라면 상상도 할 수 없는 상황이 오늘 우리 눈앞의 현실이 되었답니다.

여러분은 반드시 챗GPT를 자신만의 도구로 삼아야 합니다.

변화하는 세상에서 여러분의 꿈을 이루어가기 위해서는 여러분만의 챗GPT 사용설명서를 가지고 있어야 해요. 전에 없던 기회를 누리기 위해 반드시 해결해야만 하는 과제입니다. 물론 쉬운 일은 아니에요. 그러나 걱정하지 않아도 돼요. 이 책이 바로 여러분의 고민을 해결해줄 내용을 담고 있기 때문이지요.

이 책에서는 챗GPT를 가장 효과적으로 활용할 수 있는 질문의 기술에 대해 이야기할 거예요. 여러분은 열다섯 가지의 질문 기술과 질문 팁을 배우게 될 거예요. 그렇게 배운 질문의 힘을 통해 세상의 문을 열고, 꿈을 향해 나아가기 바랍니다. 챗GPT와 함께라면 세상이 던지는 어떤 질문에도 두려워할 필요가 없어요.

여러분의 호기심과 의문을 마음껏 펼쳐보세요. 여러분의 미래는 여러분이 던지는 질문을 자양분 삼으며 꿈꾸는 대로 변화되어갈 겁니다. 물론 챗GPT가 우리의 모든 생각을 대신하도록 맡기기만 해서는 안 되지요. 여러분의 생각을 더 넓히고 깊이 있게 만드는 도구로 활용해보세요. 챗GPT를 이용만 하는 사람이 아니라 제대로 활용하는 사람이 된다면 인공지능 시대는 여러분에게 놀라운 기회를 선물해줄 겁니다. 기대하셔도 좋아요.

자, 그럼 챗GPT와 함께하는 특별한 모험을 시작해볼까요?

목차

프롤로그 | 챗GPT와 함께하는 특별한 모험   2

PART 1   정보의 향연, 질문으로 길을 찾다

01 십진분류 질문으로 생각의 지평 넓히기   12
    챗GPT 질문 꿀팁   답변의 수준을 정해주세요   22
02 정의 질문으로 시작하는 세계 지식 탐험   24
    챗GPT 질문 꿀팁   답변의 길이, 분량을 정해주세요   34
03 철학 질문으로 생각의 깊이를 더하다   36
    챗GPT 질문 꿀팁   페르소나, 답변자의 역할을 정해주세요   43
04 창의력을 폭발시키는 브레인스토밍 질문 비결   45
    챗GPT 질문 꿀팁   특정 상황, 배경을 설정한 후 답변을 요청하세요   57
05 트렌드 질문으로 내일을 준비하기   59
    챗GPT 질문 꿀팁   답변에 구체적인 예시를 요청하세요   69

PART 2   논리의 미로, 질문으로 길을 열다

06 핵심만 쏙! 복잡한 문제를 한눈에! 요약 질문의 기술   76
    챗GPT 질문 꿀팁   답변의 출처를 요청하세요   86
07 전문가가 되는 첫걸음, 논리 질문의 힘   88
    챗GPT 질문 꿀팁   답변이 가능한 다양한 관점을 요청하세요   98

08 생각의 틀을 완성하는 정교화 질문의 비밀	101
챗GPT 질문 꿀팁　처음엔 그냥 던지는 것으로 시작하세요	110
09 평가 질문으로 사고의 깊이 더하기	111
챗GPT 질문 꿀팁　자료 기반 답변을 요청하세요	121
10 추론 질문으로 논리를 넘나들다	124
챗GPT 질문 꿀팁　답변의 톤을 정해주세요	137

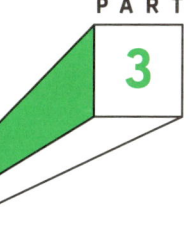

창의의 샘, 질문으로 키우다

11 다재다능해지는 법, 폴리매스 질문의 힘	142
챗GPT 질문 꿀팁　문제점을 지적하고 해결책을 제시해달라고 요청하세요	154
12 완벽한 글쓰기의 비밀, 교정과 교열 질문	156
챗GPT 질문 꿀팁　내가 만든 질문을 보완해 완성형 질문으로 만들어줄 것을 요청하세요	167
13 상상력을 자극하는 창작 질문의 세계	170
챗GPT 질문 꿀팁　역사적 배경, 어원에 대해 설명해달라고 요청하세요	182
14 번역 질문으로 세계로 행진하기	185
챗GPT 질문 꿀팁　말로 대화하세요	197
15 예측 질문으로 미래를 그리다	199
챗GPT 질문 꿀팁　My GPT에 '답변 시 기억하고 지켜야 할 항목들'을 등록하세요	209

에필로그 ｜ 챗GPT와 함께 꿈을 향해 나아가세요	212

PART

1

정보의 향연, 질문으로 길을 찾다

01

십진분류 질문으로 생각의 지평 넓히기

혹시 여러분 중에 '척척박사'라는 말을 들어본 사람 있나요? 다양한 분야에 대해 많은 지식과 정보를 가진 사람을 뜻해요. 박학다식하다는 말도 같은 의미지요. '다식'은 아는 것이 많다는 뜻으로, 한두 분야가 아닌 다양하고 넓은 분야에 대한 지식과 정보가 많을 때 사용하는 말이에요. 우리는 그런 친구들을 볼 때 "저 친구는 모르는 게 없어!"라고 말하곤 하지요. 어떻게 모르는 게 없겠어요. 다만, 주변의 많은 사람들과는 달리 지식의 폭이 넓고 상식이 풍부한 사람이라고 느껴질 때 그런 말을 하는 거지요.

인공지능 시대는 검색뿐만이 아니라 질문만 던져도 정보와 지식을 얻을 수 있는 시대예요. 그러다 보니 예전만큼 정보와 지식을 귀하게 여기지는 않는 것 같아요. "아는 것만 가지고는 안 된다"는 말이 어느 때보다 많이 들리기도 하지요. 그렇다고 이 말이 '아는 힘'이 필요 없다는 말은 아니에요. 아는 힘이 기본적으로 갖춰져야 한다는 것이지요. '아는 것이 힘'이라는 사실은 인공지능 시대에도 변하지 않는 사실입니다. 아는 힘을 세워가는 사람은 생각하는 능력이 길러질 뿐 아니라 문제를 해결하는 능력과 더 나은 결정을 내릴 수 있는 기회가 많아지는 법이지요.

무엇보다 청소년기를 거치는 여러분에게 여러 분야의 공부로서의 박학(博學)과 그것에 대해 아는 지식과 정보를 늘려가는 다식(多識)의 과정은 매우 중요합니다. 그 과정을 통해 아는 힘도 세우고, 생각하는 능력도 향상시켜갈 수 있기 때문이지요. 무엇보다 자신의 관심 분야를 찾아가며 꿈과 비전을 세워가는 일에 있어 박학다식을 추구하는 것은 그 자체로 의미가 있답니다. 그러면 어떻게 박학과 다식의 과정을 우리 일상에서 세워갈 수 있을까요?

십진분류와 챗GPT로 박학다식해지기

십진분류법을 활용한 공부는 이 목표를 이루는 가장 탁월한 방법이에요. 도서관에서 책을 찾을 때 사용되는 십진분류 시스템은 지식을 체계적으로 분류하여 우리가 원하는 정보를 쉽게 찾을 수 있도록 도와줍니다. 도서관에서 책을 찾다 보면 000번대부터 900번대까지 다양한 주제를 만날 수 있어요. 예를 들어, 000번대는 일반학/총류, 100번대는 철학과 심리학, 200번대는 종교, 300번대는 사회과학, 400번대는 자연과학, 500번대는 기술과학, 600번대는 예술, 700번대는 언어, 800번대는 문학, 900번대는 역사와 지리를 다룹니다. 그런데 이 넓고 다양한 분야 중에서 나에게 필요한 정보, 중요한 지

식을 어떻게 찾아낼 수 있을까요? 일단, 십진분류의 다양한 영역에 자주 질문을 던지는 것으로 시작해보세요. 어떤 질문이라도 좋아요. 관심 있는 분야에 던져보는 거예요. 그런데 이때 챗GPT를 활용하면 십진분류법으로 수많은 분야의 지식을 쉽게 탐구할 수 있습니다. 예를 들어, "고대 이집트의 피라미드는 어떻게 지어졌을까?"라는 질문을 챗GPT에게 던져보세요. 이 질문은 역사 분야에 속하면서도 기술과학 중 건축 분야의 질문이라고 할 수 있어요.

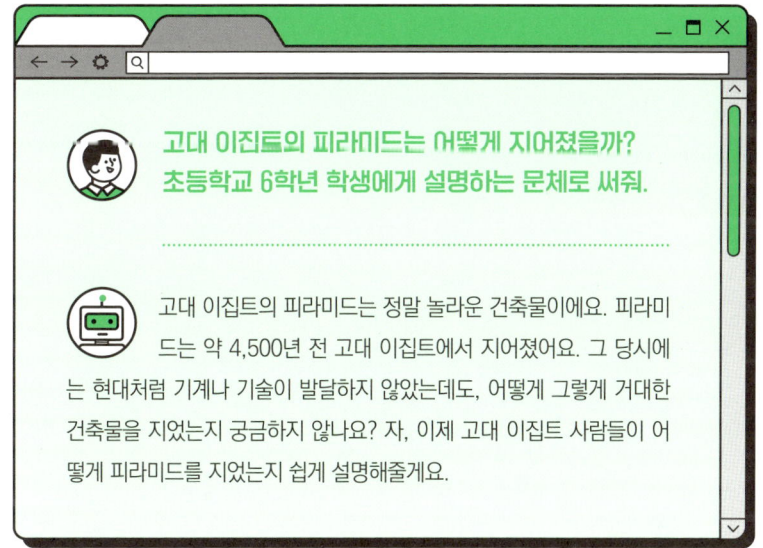

피라미드를 지은 이유

먼저, 이집트 사람들은 피라미드를 왜 지었을까요? 피라미드는 이집트 왕, 즉 파라오의 무덤으로 지어진 거예요. 이집트 사람들은 파라오가 죽은 후에도 영원히 살아 있다고 믿었고, 그들이 죽은 후에도 편히 쉴 수 있도록 큰 무덤을 지었답니다.

피라미드를 지은 방법

피라미드를 짓는 데는 많은 사람들이 필요했어요. 수천 명의 노동자들이 동원되었고, 이들은 돌을 캐고, 운반하고, 쌓는 일을 했어요. 그럼 구체적으로 어떻게 했는지 알아볼까요?

❶ 돌을 준비해요

피라미드를 짓기 위해서는 아주 큰 돌이 필요했어요. 이 돌은 대부분 강 근처에서 채굴했어요. 돌의 크기는 다양했지만, 어떤 돌은 정말 커서 무게가 수 톤이나 나갔답니다.

❷ 돌을 운반해요

돌을 캐낸 후에는 피라미드가 지어질 곳까지 운반해야 했어요. 당시에는 지금처럼 큰 트럭이나 기계가 없었기 때문에, 사람들은 주로 나무로 만든 썰매와 롤러를 사용했어요. 나무 롤러를 돌 밑에 깔고, 사람들이 밀고 당기며 돌을 이동시켰어요.

❸ 돌을 쌓아요

피라미드를 쌓는 과정도 아주 정교했어요. 노동자들은 돌을 한 층 한 층 쌓아 올렸는데, 돌이 높은 곳까지 올라가야 할 때는 흙으로 만든 경사로를 사용했어요. 이 경사로를 통해 돌을 위로 올렸고, 점점 더 높은 층으로 이동하면서 피라미드를 완성했답니다.

❹ 정교하게 다듬어요

피라미드의 바깥쪽은 아주 매끄럽게 다듬어졌어요. 사람들은 돌을 쌓은 후에 그 위에 돌을 다듬어서 매끄럽게 만드는 작업을 했어요. 이 작업 덕분에 피라미드의 외관이 더욱 멋지고 정교하게 보였답니다.

협력과 노력의 결과 ▼

피라미드를 짓는 일은 정말 어려운 일이었지만, 고대 이집트 사람들은 서로 협력하고 열심히 일해서 이 거대한 건축물을 완성할 수 있었어요. 그들의 노력이 지금도 우리에게 큰 감동을 주고 있답니다.

이렇게 고대 이집트 사람들은 피라미드를 지었어요. 그들의 지혜와 노력이 모여 오늘날까지도 많은 사람들이 감탄하는 놀라운 건축물이 탄생한 거죠. 피라미드는 단순히 왕의 무덤이 아니라, 고대 이집트 사람들의 뛰어난 기술과 협력의 상징이에요.

챗GPT를 이용해 십진분류의 다양한 분야에 질문 던지기를 지금 바로 해보세요. 질문 던지기 기술을 조금만 훈련한다면 어떤 분야의 지식과 정보라도 쉽게 얻을 수 있답니다. 다시 말하지만, '어떤 분야', '어떤 질문'이라도 가능합니다.

총류/일반학 (000번대)

"정보의 홍수 속에서 중요한 정보를 구별하는 방법은?"
"미래의 도서관은 어떤 모습일까?"

철학과 심리학 (100번대)

"자아란 무엇일까?"
"청소년기의 정체성 형성은 어떻게 이루어질까?"

종교 (200번대)

"종교와 과학은 어떻게 공존할 수 있을까?"
"청소년들이 종교를 통해 얻을 수 있는 교훈은?"

사회과학 (300번대)

"SNS가 현대 정치에 미치는 영향은?"

"사회적 불평등은 어떻게 해결할 수 있을까?"

자연과학 (400번대)

"인공지능이 인간의 감정을 이해할 수 있을까?"

"태양계 밖의 행성에는 생명이 존재할까?"

기술과학 (500번대)

"가상 현실과 증강 현실의 차이점은?"

"드론 기술이 우리 일상에 미치는 영향은?"

예술 (600번대)

"디지털 아트와 전통 아트의 차이점은?"

"음악이 뇌에 미치는 영향은?"

언어 (700번대)

"외국어를 배우는 가장 효과적인 방법은?"

"청소년들이 알아두면 유용한 세계의 다양한 인사말은?"

문학 (800번대)

"디스토피아 소설의 인기는 왜 계속될까?"

"시가 사람들에게 미치는 감정적 영향은?"

역사와 지리 (900번대)

"세계 역사에서 가장 영향력 있는 인물은?"

"청소년들이 알아야 할 중요한 역사적 사건은?"

더 넓고 더 깊은 정보의 세계로 나아가는 길

질문은 우리의 생각을 확장하고 새로운 지식을 습득하는 데 중요한 도구입니다. 십진분류법을 활용한 질문법을 통해 우리는 다양한 주제에 대해 깊게 이해할 수 있습니다. 챗GPT와 함께 많은 질문

을 던지고, 그 답을 찾으면서 생각의 지평을 넓혀보세요. 아무리 인공지능 시대라도 '아는 것이 힘'이라는 사실은 여전히 바뀌지 않습니다. 여러분도 척척박사처럼 모르는 게 없는 박학다식한 사람이 될 수 있어요!

챗GPT 질문 꿀팁

답변의 수준을 정해주세요

앞서 본 예에서는 "초등학교 6학년 학생에게 설명하는 문체로 써줘"라고 요청했어요. 챗GPT는 답변의 수준을 나이, 학년에 맞게 설정할 수 있습니다. 그러면 챗GPT는 요청한 수준의 문체로 작성해준답니다.

'공부는 중요하다. 누구에게나 필요하다. 그러나 공부보다 중요한 것이 우리에게는 있다'라는 이야기를 초등학교 6학년, 중학교 3학년, 대학교 1학년, 30대 초반 결혼한 여성, 80대 노인의 수준에 맞는 문체로 각각 작성해줘.

초등학교 6학년   공부는 정말 중요한 일이에요. 학교에서 배우는 것들이 우리의 미래를 결정할 수 있어요. 하지만 공부만 하다 보면 중요한 것들을 놓칠 수 있어요. 친구와의 우정, 가족과의 시간, 그리고 자기 자신을 돌보는 것이 공부보다 더 중요할 때도 있어요. 우리는 균형을 맞추는 것이 필요해요.

중학교 3학년   공부는 우리의 미래를 위해 필수적이에요. 좋은 성적을 얻고, 좋은 학교에 가는 것은 중요하죠. 하지만 삶에는 공부보다 더 중요한 부분들도 있어요. 친구들과의 관계, 가족과의 유대, 그리고 우리의 정신적, 신체적 건강도 매우 중요해요. 공부와 함께 이러한 것들도 신경 써야 해요. 삶의 모든 부분에서 균형을 이루는 것이 진정한 성공의 열쇠에요.

대학교 1학년 대학교에 들어와서 공부가 얼마나 중요한지 더 깊이 느끼고 있어요. 학문적 성취는 우리의 미래를 위해 필수적이죠. 그러나 공부만큼이나 중요한 것이 있다는 것을 잊지 말아야 해요. 사람과의 관계, 사회적 경험, 그리고 자아 발견 같은 것들이죠. 이 모든 것들이 우리를 더 완전한 인간으로 만들어 줘요. 그래서 우리는 공부와 더불어 삶의 다양한 측면들을 경험하고, 배우고, 성장해야 해요.

30대 초반 결혼한 여성 공부는 저에게 항상 중요한 일이었어요. 좋은 직장을 얻기 위해 열심히 공부했죠. 그러나 결혼하고 나서부터는 생각이 달라졌어요. 남편과의 시간, 가정을 꾸리고 아이들을 돌보는 것이 공부보다 더 중요한 우선순위가 되었어요. 물론 자기계발도 중요하지만, 가족과의 시간, 그리고 일상에서의 작은 행복들을 소중히 여기는 것이 진정한 의미의 삶이라고 생각해요. 공부는 도구일 뿐, 행복한 삶을 위한 수단이어야 해요.

80대 노인 공부는 제 젊은 시절에 매우 중요한 일이었어요. 열심히 공부해서 좋은 직장에 다니고, 성공적인 인생을 살기 위해 노력했죠. 하지만 이제 인생을 돌아보면 공부보다 더 소중한 가치들이 있었다는 것을 깨닫게 돼요. 가족과 함께한 시간, 친구들과의 소중한 추억, 그리고 건강과 마음의 평화가 그 예죠. 공부도 중요하지만, 인생의 진정한 의미는 사랑과 행복, 그리고 소중한 사람들과의 시간에 있다는 것을 젊은이들이 알았으면 좋겠어요.

02
정의 질문으로 시작하는
세계 지식 탐험

 나를 알아가고 세상을 경험하고 배워가며 꿈을 이뤄가는 데 있어 준비해야 할 첫 번째 능력은 무엇일까요? 저는 '정의력'이라고 생각해요. 무엇인가에 대해 정의 내리는 능력은 모든 일의 시작이기 때문입니다.

 정의란 무엇일까요? 정의의 사전적 의미는 '어떤 말이나 사물의 뜻을 명백히 밝혀 규정함'이에요. 정의는 우리가 어떤 개념이나 현상에 대해 명확히 설명하고 이해할 수 있도록 도와주는 중요한 도구입니다.

어휘력과 정의력의 중요성

여러분은 학교에서 어휘력이 중요하다는 말을 자주 들었을 거예요. 어휘력은 어떤 힘일까요? 얼마나 많은 단어, 어휘를 알고 있는가를 얘기해요. 새로운 학년에 올라가면 교과서와 모든 과목의 내용에 많은 차이가 생기지요. 그중 핵심은 새로운 어휘가 늘어난다는 거예요. 새로운 어휘를 많이 알면 알수록 이전의 배움과 새로운 배움이 연결되면서 이해력이 상승하게 된답니다. 그래서 영어 단어를 외우는 것은 중요한 일이에요. 국어에서도 새로운 어휘의 뜻을 외우는 것은 매우 중요한 과정이고요.

그런데 많은 어휘를 알고 있다고 진정한 어휘력을 가졌다고 할 수 있을까요? 진정한 어휘력은 또 다른 힘이 있어야 제대로 발휘될 수 있어요. 그것은 바로 나의 정의력이에요. 어휘들의 사전적 의미를 정확하게 이해하는 것도 중요하지만 나만의 언어로 정리할 수 있는지를 점검해야 해요. 예를 들어, '사랑'이라는 단어를 떠올려보세요. 여러분은 사랑을 어떻게 정의하나요? "사랑을 모르는 사람이 어디 있어요?"라고 말할 수도 있어요. 그

러나 사랑이라는 어휘에 대한 정의는 사람마다 다르답니다. 예를 들면 나이 어린 사람과 나이 많은 사람은 사랑에 대해서 각자 정의를 다르게 내리게 되겠지요. 다른 사람과 비교할 필요도 없어요. 자신이 10대 때 정의 내린 사랑보다 30대가 되었을 때 정의 내린 사랑은 더 깊어지고 확장될 가능성이 많을 겁니다. 그래서 한 사람의 변화와 성장, 성숙을 이야기하는 기준 중 하나가 바로 내가 알고 있던 어휘에 대한 정의력이 어떻게 변했는가 하는 데 있답니다.

챗GPT를 활용해 정의력 강화하기

우리는 보통 새로운 어휘의 뜻을 찾을 때 사전을 보거나 인터넷 검색을 활용해요. 그러나 이제는 챗GPT를 도구로 삼아 어휘력과 정의력의 질을 높여가는 일에 도전해보세요.

일반 사전을 이용할 때의 장점은 분명해요. 우선 정확하단 점이에요. 사전에는 전문가들이 작성한 정확한 정의가 실려 있어요. 그래서 잘못된 정보를 얻을 가능성이 적지요. 둘째는 간결하단 점이에요. 사전은 정의를 간단하고 명확하게 제시해준답니다. 짧고 핵심만을 설명하기에 이해하기 쉽다는 것이 장점이에요. 그리고 무엇보다 오랫동안 사용해온 전통적인 방법이어서 익숙하다는 점도 장점이지요.

그러나 챗GPT를 활용한 어휘의 정의력 세우기의 장점도 매우 매력적이랍니다. 첫째, 어휘에 대한 정의, 개념 설명이 거의 맞춤식으로 제공됩니다. 챗GPT는 답변의 내용과 분량을 질문자의 수준에 맞게 설명해주기 때문이에요. 초등학생과 중학생이 이해하기 쉬운 말로는 물론, 박사급의 고차원적인 정의를 요구해도 순식간에 답을 내어준답니다.

공부에 대한 정의를 먼저 국어사전적 정의를 알려주고(어떤 사전의 정의인지 표기해줘), 챗GPT 너만의 정의를 200자 정도의 분량으로 생성해줘.

❶ 국어사전적 정의
국립국어원 표준국어대사전: "공부: 학문이나 기술을 배우고 익힘."

❷ 챗GPT 정의
공부란 단순히 책을 읽고 지식을 쌓는 것을 넘어, 자신의 꿈과 목표를 이루기 위해 필요한 능력과 태도를 기르는 과정입니다. 공부는 새로운 개념을 이해하고, 문제를 해결하며, 창의적인 사고를 키우는 데 도움을 줍니다. 공부는 또한 실패를 경험하고, 그로부터 배워 나가는 과정을 통해 성장을 이루게 합니다. 공부는 지식뿐만 아니라, 인내와 끈기, 자신감을 키우는 데 중요한 역할을 하며, 이를 통해 우리는 더 나은 미래를 준비할 수 있습니다.

둘째, 추가 정보를 언제든 요청할 수 있다는 점이에요. 궁금한 것이 생기거나 모르는 것이 있다면 추가로 질문을 해서 더 자세히 설명을 들을 수 있어요. 단순한 정의 외에도 이해를 돕는 예시나 배경지식을 요청하면 바로 답을 받을 수 있다는 점이 챗GPT의 가장 강력한 매력 중 하나랍니다.

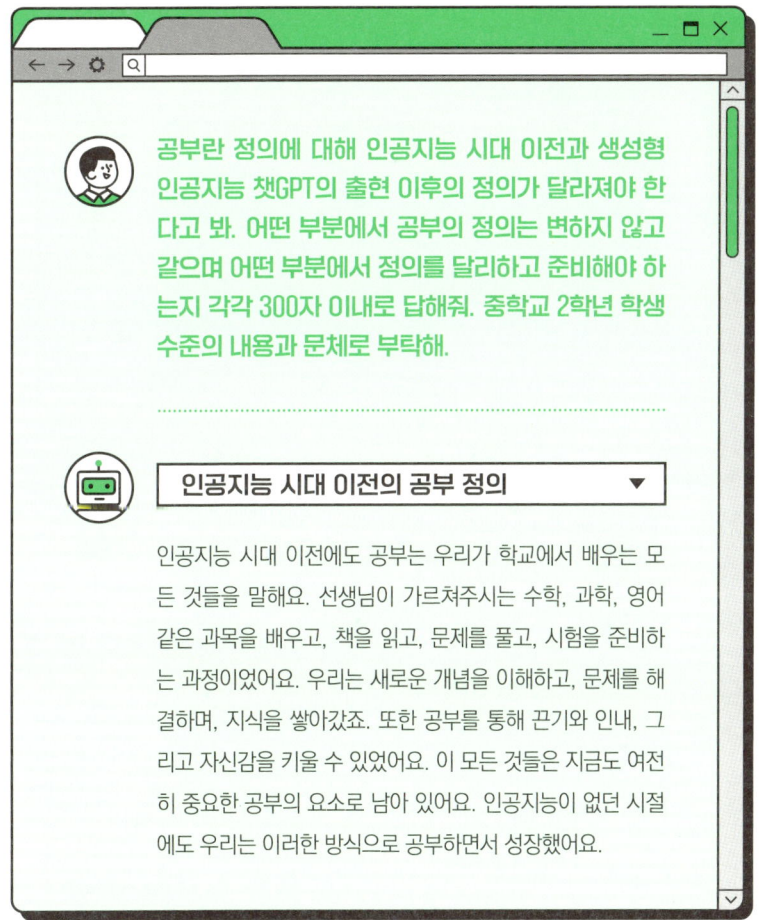

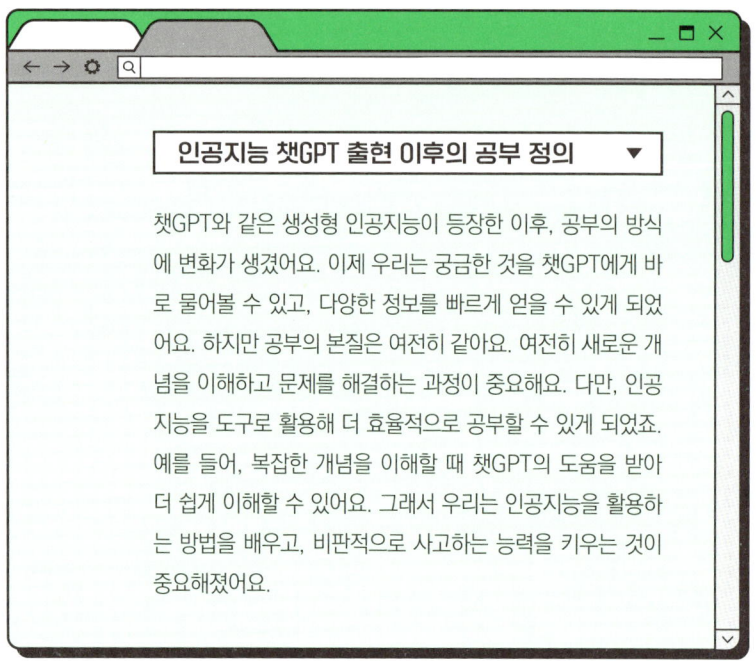

셋째, 챗GPT의 정의는 사전적 정의에만 머물지 않는다는 거예요. 최신 정보와 트렌드를 반영하여 새로운 차원의 정의를 우리에게 알려주기도 한답니다.

여러분은 좋아하는 가수가 있나요? 우리나라 노래인 K-pop은 다른 장르의 노래들과 어떤 차이가 있을까요? K-pop만의 독특성에 대해 여러분은 무엇이라 설명할 수 있나요? 챗GPT에게 다음과 같은 질문을 던져봤습니다.

K-pop과 가곡, 그리고 일반적으로 팝송이라 부르는 장르를 정의 내려줘. 중학교 2학년 학생이 이해할 수 있는 수준으로 작성하고 각각의 정의가 200자를 넘어가지 않게 적어줘.

K-pop ▼

K-pop은 한국에서 만들어진 대중음악을 말해요. 'K'는 'Korea'를, 'pop'은 'popular music', 즉 대중음악을 뜻해요. 주로 아이돌 그룹이 부르는 노래들이 K-pop에 속한답니다. 이 음악은 멋진 춤과 화려한 무대 퍼포먼스로 유명해요. BTS, BLACKPINK 같은 그룹이 대표적인 K-pop 가수들이에요. 노래뿐만 아니라 멋진 춤, 패션, 뮤직비디오 등 여러 요소가 결합되어 있어요. 전 세계적으로 많은 팬들이 있고, K-pop을 통해 한국 문화도 많이 알려지고 있어요.

가곡 ▼

가곡은 시의 내용을 노래로 표현한 음악이에요. 주로 클래식 음악에서 볼 수 있고, 피아노나 다른 악기의 반주에 맞춰 부르

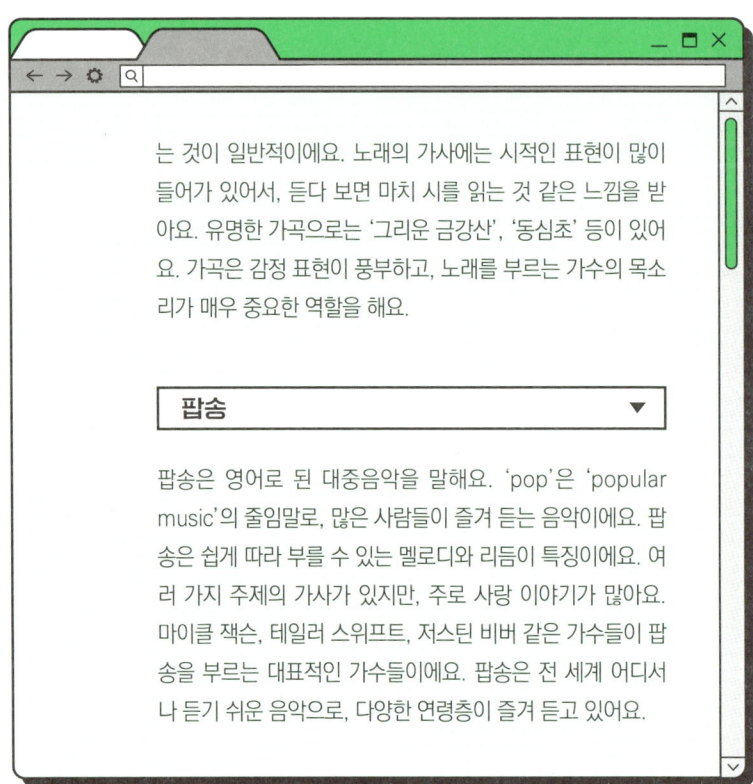

간단한 질문이지만 인터넷에서 쉽게 찾기 힘든 자료이지요. 최신 정보와 트렌드를 반영하며 나의 궁금증에 중점을 두고 맞춤형 답변을 해주는 '나만을 위한 서비스' 챗GPT가 주는 최고의 선물이에요.

챗GPT와 함께 정의력을 키우는 방법을 익혀 나아가보세요.

그 과정을 통해 어휘력과 개념에 대한 이해력이 향상되어가는 것을 경험하게 될 거예요. 정의력이 향상되면 모든 배움이 훨씬 수월해지게 될 뿐 아니라 여러분이 꿈을 이루는 데 밑바탕이 되어줄 거예요.

 **챗GPT 질문 꿀팁**

답변의 길이, 분량을 정해주세요

챗GPT에 질문할 때 답변의 길이를 정해주세요. 어떤 질문에는 길고 자세한 답변이 필요하지만, 짧고 간결한 답변이 필요할 때도 있답니다. 특별히 정의를 내릴 때는 긴 문장보다 요점이 잘 정리된 답변이 질문자에게 더 도움이 될 수 있어요. "짧고 간결하게 설명해줘" 또는 "자세히 설명해줘"라고 질문해보세요. 앞서 본 예처럼 몇 자로 답변을 생성할지 구체적인 분량을 요구해도 됩니다.

 우리나라 대학 입시제도의 문제는 무엇이지? 답변을 50자, 100자, 200자, 300자 내로 각각 답변해줘.

 50자
대학 입시제도는 과도한 경쟁과 사교육 의존을 초래해요.

100자
우리나라 대학 입시제도는 과도한 경쟁을 유발하며, 학생들이 학업 스트레스와 사교육에 지나치게 의존하게 만드는 문제가 있어요. 이로 인해 학생들의 전인적 성장이 저해됩니다.

200자

우리나라 대학 입시제도는 과도한 경쟁을 부추기고, 학생들이 학업 스트레스와 사교육에 지나치게 의존하게 만듭니다. 이로 인해 학생들은 창의성과 자기 주도 학습 능력을 발휘하기 어려워지고, 전인적 성장이 저해됩니다. 또한, 입시 위주의 교육은 학생들의 개별적 재능과 흥미를 충분히 개발하지 못하게 하며, 대학 입시 성공이 인생의 전부인 것처럼 인식하게 만듭니다. 이는 장기적으로 학생들의 삶의 질과 행복에도 부정적인 영향을 미칩니다.

300자

우리나라 대학 입시제도는 과도한 경쟁을 조장하고, 학생들이 학업 스트레스와 사교육에 지나치게 의존하게 만드는 문제가 있습니다. 이러한 경쟁은 학생들의 창의성과 자기 주도 학습 능력을 억제하고, 전인적 성장을 방해합니다. 입시 중심의 교육은 학생들의 개별적 재능과 흥미를 충분히 발현하지 못하게 하며, 대학 입시 성공이 인생의 전부인 것처럼 인식하게 만듭니다. 또한, 경제적으로 여유 있는 가정과 그렇지 않은 가정 간의 교육 격차를 확대시키며, 공교육의 신뢰성을 떨어뜨립니다. 이는 장기적으로 학생들의 삶의 질과 행복에도 부정적인 영향을 미쳐, 더 나아가 사회 전체의 발전에도 걸림돌이 될 수 있습니다. 따라서 입시제도의 개선이 필요합니다.

03

철학 질문으로
생각의 깊이를 더하다

여러분은 혹시 '내가 왜 태어났을까?'라는 생각을 해본 적 있나요? 저는 어린 시절 때때로 이런 질문을 스스로에게 던지곤 했답니다. '왜 나는 매일 공부해야 할까?', '왜 나는 학교에 가야만 하지?', '친구들이란 뭐지?', '친구들과 잘 지내는 게 왜 이렇게 어려울까?', '나는 어떤 사람이 되고 싶은 걸까?'

아마 여러분도 비슷한 생각을 해본 적이 있을 거예요. '나는 어떤 직업을 가지게 될까?', '미래에 나는 어떤 사람이 되어 있을까?' 같은 질문들 말이죠. 이런 질문들은 단순한 호기심에서 나오는 것이겠지만 너무나 철학적이어서 쉽게 답을 찾기는 어려워요. 하지만 이런 질문들은 우리 삶의 의미를 되돌아보게 만들고, 깊이 있는 사고를 하도록 도와줌으로써 그 과정에서 조금씩 성장해가도록 돕는답니다. 이렇게 깊게 생각해보는 일은 어쩌면 우리의 삶을 더 의미 있게 만드는 과정일지도 몰라요.

왜 철학적 질문이 중요한가?

철학이란 어떤 학문이라고 생각하세요? 철학은 인생, 존재, 지식, 도덕 등에 대해 깊이 생각하고 탐구하는 학문이에요. 우리가 세상을 이해하고, 다양한 관점을 수용하며 사고의 폭을 넓히도록 도와주는 사고의 과정이 철학이라고 할 수 있지요. 철학은 어려워 보일 수 있지만, 사실 우리가 일상에서 스스로에게 던지는 질문들도 모두 철학의 일부랍니다. 모두에게 필요한 질문들이지요.

철학 천재? 챗GPT!

그런데 이러한 철학적 질문에 대한 챗GPT의 답변은 매우 놀라운 정도랍니다. 챗GPT는 어떤 분야든 질문을 하면 훌륭하게 답변을 해주지만, 철학 질문에 대한 답변은 특히 더 훌륭해요. 챗GPT는 개인적인 경험을 갖지 못하는 인공지능이기 때문에 경험에 기반한 조언을 해주지는 못해요. 하지만 다양한 철학자들의 생각이나 개념을 바탕으로 한 답변을 제공해주는 데 있어서는 어느 누구보다도 탁월하답니다. 그래서 저는 오랫동안 명확한 답을 찾기 어려웠던 질문들을 챗GPT에게 던지곤 한답니다. 예를 들면 아래와 같은 질문들이에요.

"우리가 존재한다는 건 무슨 의미일까? 왜 우리는 이 세상에 태어났을까? 우리의 삶에는 어떤 목적이나 의미가 있을까?"

"객관적인 도덕적 진리가 있을까? 도덕적 가치와 윤리적 원칙은 절대적인 것일까, 아니면 상황에 따라 달라질 수 있을까?"

"자유의지와 운명은 함께 존재할 수 있을까? 우리가 자유롭게 선택할 수 있는 걸까, 아니면 우리의 모든 행동이 이미 정해져 있는 걸까?"

"의식이란 무엇일까? 의식은 단순히 뇌의 활동일까, 아니면 그 이상의 무언가가 있을까? 우리의 인식은 신뢰할 수 있는 걸까?"

물론 이렇게 어려운 질문만 던질 필요는 없어요. 여러분만의 언어로 궁금한 것들을 질문하면 돼요.

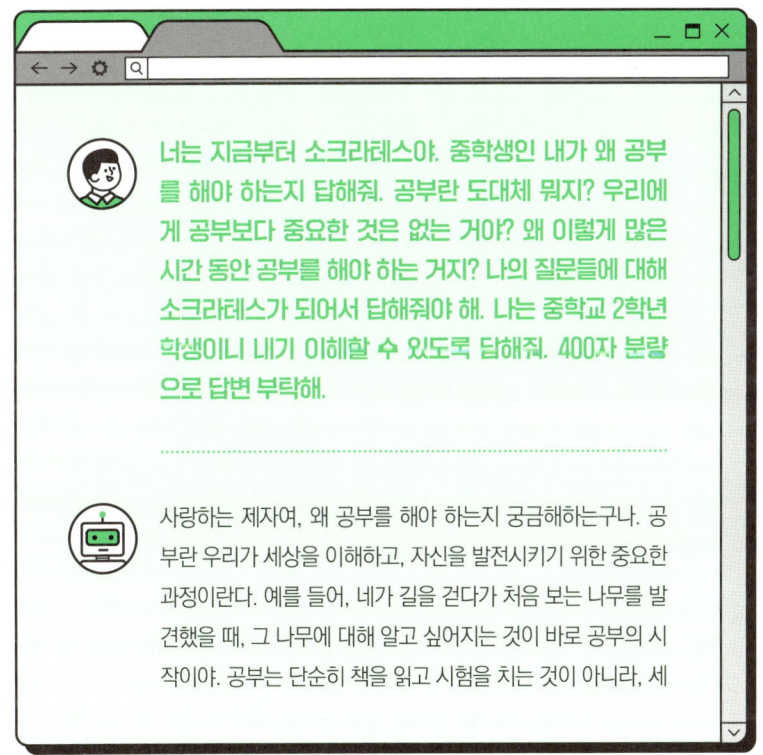

너는 지금부터 소크라테스야. 중학생인 내가 왜 공부를 해야 하는지 답해줘. 공부란 도대체 뭐지? 우리에게 공부보다 중요한 것은 없는 거야? 왜 이렇게 많은 시간 동안 공부를 해야 하는 거지? 나의 질문들에 대해 소크라테스가 되어서 답해줘야 해. 나는 중학교 2학년 학생이니 내기 이해할 수 있도록 답해줘. 400자 분량으로 답변 부탁해.

사랑하는 제자여, 왜 공부를 해야 하는지 궁금해하는구나. 공부란 우리가 세상을 이해하고, 자신을 발전시키기 위한 중요한 과정이란다. 예를 들어, 네가 길을 걷다가 처음 보는 나무를 발견했을 때, 그 나무에 대해 알고 싶어지는 것이 바로 공부의 시작이야. 공부는 단순히 책을 읽고 시험을 치는 것이 아니라, 세상에 대해 호기심을 가지고 배우는 모든 활동을 포함한단다.

우리는 왜 이렇게 많은 시간을 공부에 쓸까? 그것은 마치 운동선수가 더 강해지기 위해 꾸준히 훈련을 하는 것과 같아. 공부를 통해 너는 새로운 지식을 얻고, 문제를 해결하는 능력을 키우며, 더 나은 사람이 되기 위한 준비를 하는 거야. 이 과정에서 어려움도 있겠지만, 그만큼 너의 능력과 지혜도 함께 성장하게 된단다.

하지만, 공부보다 중요한 것들도 있어. 가족과의 시간, 친구와의 우정, 그리고 너의 행복과 건강 역시 매우 중요해. 균형 잡힌 삶을 사는 것이 중요하단다. 공부만이 인생의 전부는 아니야. 다양한 경험을 통해 너의 꿈과 열정을 찾는 것도 큰 의미가 있지.

공부를 통해 너는 세상을 더 잘 이해하고, 자신감을 키우며, 미래를 준비할 수 있어. 하지만, 너무 부담을 느끼지 말고, 즐겁게 배워가는 마음을 가지는 것이 중요하단다. 네가 하는 모든 공부는 결국 너 자신을 위한 것이니, 지금의 고민도 성장의 일부로 받아들이며 천천히 나아가기를 바란다.

이처럼 어떤 질문이라도 좋아요. 궁금한 철학적 질문을 챗GPT에게 던져보세요. 제가 챗GPT에게 던진 질문도 참고하세요. '이런 질문도 가능하구나' 하는 생각이 들 거예요. 챗GPT

의 도움을 잘만 활용한다면 여러분도 어느 순간 10대 철학자가 되어 있을지도 모른답니다.

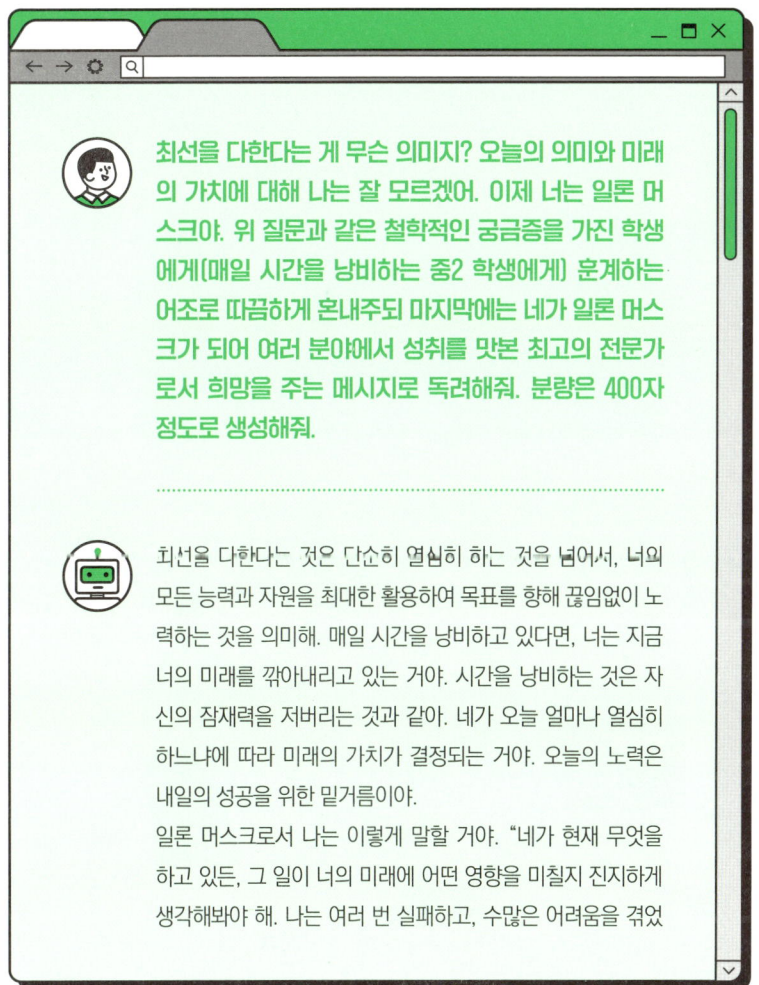

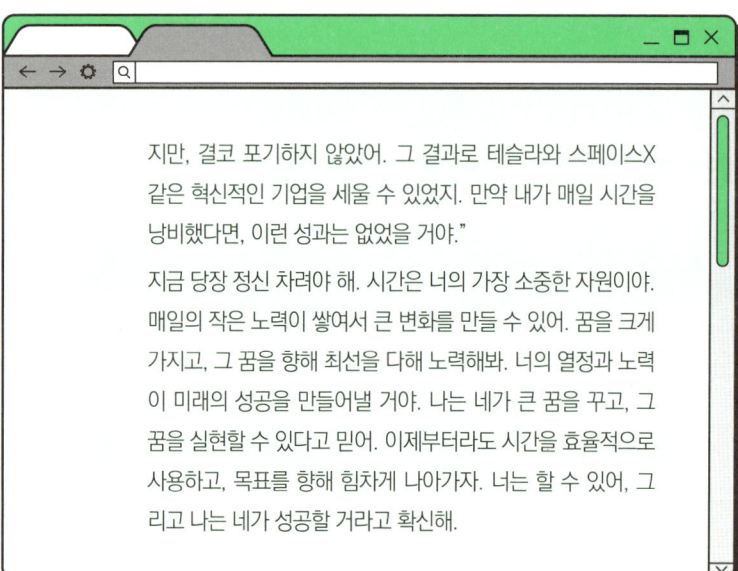

지만, 결코 포기하지 않았어. 그 결과로 테슬라와 스페이스X 같은 혁신적인 기업을 세울 수 있었지. 만약 내가 매일 시간을 낭비했다면, 이런 성과는 없었을 거야."

지금 당장 정신 차려야 해. 시간은 너의 가장 소중한 자원이야. 매일의 작은 노력이 쌓여서 큰 변화를 만들 수 있어. 꿈을 크게 가지고, 그 꿈을 향해 최선을 다해 노력해봐. 너의 열정과 노력이 미래의 성공을 만들어낼 거야. 나는 네가 큰 꿈을 꾸고, 그 꿈을 실현할 수 있다고 믿어. 이제부터라도 시간을 효율적으로 사용하고, 목표를 향해 힘차게 나아가자. 너는 할 수 있어, 그리고 나는 네가 성공할 거라고 확신해.

 **챗GPT 질문 꿀팁**

페르소나, 답변자의 역할을 정해주세요

챗GPT에게 특정 역할이나 페르소나(persona)를 부여해 답변을 요청할 수 있습니다. 페르소나는 게임 속 캐릭터나 상상을 해서 만들어낸 가상의 인물이에요. 예를 들어, "너는 지금부터 소크라테스야. 내가 묻는 질문에 소크라테스가 되어서 답해줘야 해. 나는 중학교 2학년 학생이니 내가 알아들을 수 있도록 수준을 맞춰 답해줘"라고 하면 챗GPT는 마치 소크라테스가 된 것처럼 답변을 해줍니다. 페르소나는 어떤 직업의 인물로도 변신 가능해요. "유명한 과학자 중 하나인 리처드 파인만처럼 설명해줘"라고 하면 해당 페르소나에 맞춘 답변을 받을 수 있습니다. 이렇게 역할이나 페르소나를 설정하면 주제에 대해 더 새비있고 생동감 있는 설명을 얻을 수 있답니다.

 찬성이라는 이름의 중1 남학생이 친구와 말다툼을 하고 마음이 매우 혼란한 상태야. 자신이 잘못한 것 같지 않은데 먼저 사과를 해야 하나, 친구와 잘잘못을 다시 한번 따져야 하나 고민 중이야. 이런 상태의 친구에게 200자 정도의 분량으로 간단한 조언을 해줘. 답변자는 1. 에덴동산의 사탄 2. 해리 포터 3. 대통령 링컨 4. 격투기 선수의 정체성을 가지고 있어. 이들 각각의 페르소나로서 답변을 한다면 어떻게 말할까?

❶ 에덴동산의 사탄

찬성아, 네가 잘못한 게 없다고 생각한다면 왜 먼저 사과해야 하지? 네 자존심을 지키는 게 중요해. 친구에게 네가 옳다는 걸 분명히 해. 만약 그가 너를 이해하지 못한다면, 그건 그의 문제야. 네가 약해 보일 필요는 없어. 너 자신을 지켜라.

❷ 해리 포터

찬성아, 내가 많은 어려움을 겪으며 배운 건 때로는 먼저 사과하는 용기가 필요하다는 거야. 네가 잘못하지 않았다고 생각해도, 우정을 지키기 위해 먼저 손을 내밀어 봐. 진심을 담아 대화하면 친구도 너의 마음을 이해할 거야. 그렇게 다시 좋은 친구가 될 수 있을 거야.

❸ 대통령 링컨

찬성아, 친구와의 갈등은 해결하기 어려울 때가 많다. 하지만 때로는 우리가 잘못하지 않았다고 느껴도 먼저 사과하는 것이 더 큰 용기일 수 있다. 중요한 것은 진실을 찾는 것보다 우정을 유지하는 것이다. 친구에게 다가가 솔직하게 이야기하고, 함께 해결책을 찾도록 해라.

❹ 격투기 선수

찬성아, 친구와의 다툼은 링 위의 싸움과 같아. 네가 옳다고 믿는다면, 그것을 지키는 것도 중요하지만, 때로는 물러서는 용기가 필요해. 먼저 사과하고 대화로 풀어가 보는 것도 강한 사람의 모습이야. 그렇게 하면 진정한 챔피언이 될 수 있어.

04

창의력을 폭발시키는
브레인스토밍 질문 비결

영화 〈인사이드 아웃(Inside Out)〉을 본 적이 있나요? 이 영화에서 주인공 라일리는 새로운 도시로 이사를 가게 돼요. 그런 상황 속에서 다양한 감정들이 그녀의 머릿속에서 복잡하게 얽히고 섞이는 장면이 나오지요. 머릿속 다양한 감정들은 그 과정을 통해 그녀의 행동을 결정짓습니다. 한번 상상해보세요. 라일리의 감정들이 한데 모여서 어떤 문제를 해결하기 위해 머리를 맞대고 아이디어를 쏟아내는 장면을 말이에요. 바로 이것이 '브레인스토밍'의 한 장면이라고 얘기할 수 있어요!

브레인스토밍은 창의적인 아이디어를 떠올리기 위해 여러 사람의 다양한 아이디어를 모으는 강력한 생각의 과정이에요. 단순히 아이디어를 떠올리는 차원이 아니에요. 우리 머리, 기억 속 어딘가에 있을 지식과 정보를 캐내는 채굴과도 같아요.

우리는 종종 "생각 좀 해봐!"라는 말을 들을 때가 있어요. 하지만 아무리 생각을 해도 아이디어가 떠오르지 않을 때가 있죠. 이럴 때 필요한 것이 바로 브레인스토밍이에요. 여러분의 풍부한 상상력과 창의적인 아이디어가 폭발하는 경험을 하고 싶다면 그 비결은 바로 브레인스토밍 질문을 던지는 데 있어요.

브레인스토밍의 원칙들

효과적인 브레인스토밍을 진행하기 위해서 기억해야 할 몇 가지 중요한 원칙이 있어요.

첫째, 아이디어를 내는 과정에서는 절대 비판하거나 판단하지 마세요. 우선 중요한 것은 생각을 자유롭게 표현해야 한다는 거예요. 어떤 아이디어라도 좋아요. 평소에 말하기 힘든 생각도 자유롭게 표현하는 순간이 브레인스토밍 시간이에요.

둘째, 가능한 한 많은 아이디어를 내는 것이 중요합니다. 브레인스토밍에서 우선되어야 하는 것은 양이에요. 많은 양의 아이디어를 떠올리기 전부터 좋은 생각을 만들려고 하지 마세요. 대부분 많은 생각들 사이에서 양질의 생각이 만들어져간다는 사실을 기억하세요.

셋째, 내 생각만 고집하려 하지 마세요. 다른 사람의 아이디어에 귀 기울이며 생각과 생각을 연결시켜보세요. 생각이 연결되는 과정을 통해 개선된 생각, 새로운 아이디어가 만들어진답니다.

브레인스토밍의 목적은 다양한 관점과 아이디어를 모아 가장 좋은 해결책을 찾아내는 거에요. 이 과정에서는 평가나 비판은 최대한 줄이세요. 아이디어의 양을 늘리는 데 초점을 맞추는 것이 중요합니다.

그렇다면 챗GPT를 활용한 아이디어 발굴, 브레인스토밍 질문은 어떻게 하는 것이 가장 효과적일까요?

첫째, 여러분이 관심 있는 주제나 해결하고자 하는 문제를 정하세요.

둘째, 그 주제에 대해 챗GPT에게 질문을 던지세요. 여기서 중요한 것은 답변의 수를 여러 개로 요구하는 겁니다. "학교에서의 하루를 더 즐겁게 만드는 방법 30가지 추천해줘!"와 같은 방식이지요. 그럼 챗GPT에 질문을 던져볼까요?

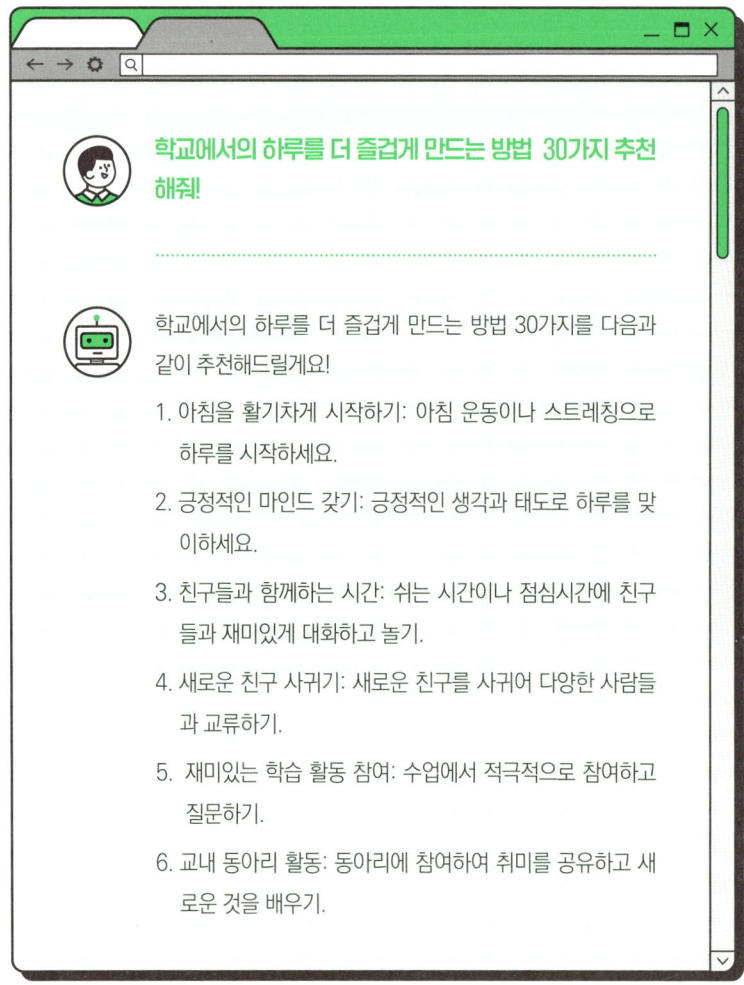

7. 개인 프로젝트 시작하기: 관심 있는 주제로 개인 프로젝트를 진행해보기.
8. 짧은 휴식 시간 활용: 수업 중간에 짧은 휴식을 취해 집중력을 유지하기.
9. 창의적인 학습 방법 찾기: 그림 그리기, 마인드맵 등 창의적인 방법으로 공부하기.
10. 선생님과 대화하기: 수업 중 궁금한 점이나 고민을 선생님께 물어보기.
11. 친구들과 협력 학습: 그룹 스터디나 팀 프로젝트로 협력 학습하기.
12. 교내 행사 참여: 학교에서 열리는 다양한 행사나 활동에 참여하기.
13. 책 읽기: 도서관에서 재미있는 책을 골라 읽기.
14. 점심시간 즐기기: 친구들과 맛있는 점심을 먹으며 즐거운 시간 보내기.
15. 적극적인 체육 활동: 체육 시간에 적극적으로 참여하고 운동 즐기기.
16. 자기 주도 학습: 스스로 목표를 설정하고 계획을 세워 공부하기.
17. 교내 봉사활동 참여: 봉사활동에 참여하여 보람을 느끼기.
18. 음악 감상하기: 쉬는 시간에 좋아하는 음악을 들으며 기분

전환하기.

19. 재미있는 목표 설정: 매일 작은 목표를 설정하고 달성하기.
20. 학교에서의 특별한 이벤트 계획: 친구들과 특별한 이벤트를 계획하고 실행하기.
21. 감사하는 마음 가지기: 하루 동안 감사한 일들을 기록하기.
22. 적극적인 발표 참여: 수업에서 발표 기회를 잡아 자신감을 키우기.
23. 웃음 찾기: 웃음을 주는 친구나 활동 찾기.
24. 유머 사용하기: 적절한 유머로 친구들과 즐거운 분위기 만들기.
25. 취미활동 공유: 친구들과 자신의 취미나 관심사를 공유하기.
26. 학교 주변 탐험: 학교 주변에서 산책하거나 새로운 곳 찾아보기.
27. 기록하기: 하루 동안의 재미있었던 일을 일기나 메모로 기록하기.
28. 소풍 계획: 짧은 교내 소풍이나 피크닉을 계획해보기.
29. 교내 리더 역할 맡기: 학급 회장이나 동아리 리더로 활동하기.
30. 건강한 간식 준비: 건강한 간식을 준비하고 에너지를 충전하기.

　순식간에 30가지의 생각을 제시해주지요? 챗GPT 최고의 매력 중 하나가 질문하면 즉시 답변해준다는 거랍니다. 그런데 답변이 마음에 드나요? 솔직히 조금 아쉬움이 있지요? 이때 답변의 질을 높이고 마음에 드는 답변을 이끌어내는 간단한 방법이 있어요. 기본 질문에 배경과 상황을 조금만 추가해보는 거예요. 어떤 배경과 상황에서 이 질문을 던지는지에 대한 설명만 질문에 추가해도 답변은 더욱 구체적이 되어 마음에 드는 답변을 얻을 수 있습니다. 예를 들면, "학교에서의 하루를 더 즐겁게 만드는 방법 30가지 추천해줘!"라는 기존 질문에 다음과 같은 배경 또는 상황을 추가하는 거예요.

　"단, 선생님의 생각이나 공부와 관계된 답변은 제외하고 성인이 되어 학창 시절을 돌아볼 때 큰 추억이라 여길 수 있는 경험을 만들어낼 수 있는 방법만 답변으로 제시해줘. 아주 창의적인 답변도 환영해."

추가 질문 내용은 간단해도 괜찮아요. 여러분 마음대로 하시면 됩니다. 이 질문을 추가하여 챗GPT에 다시 질문을 던졌더니 어떤 답변이 나왔을까요?

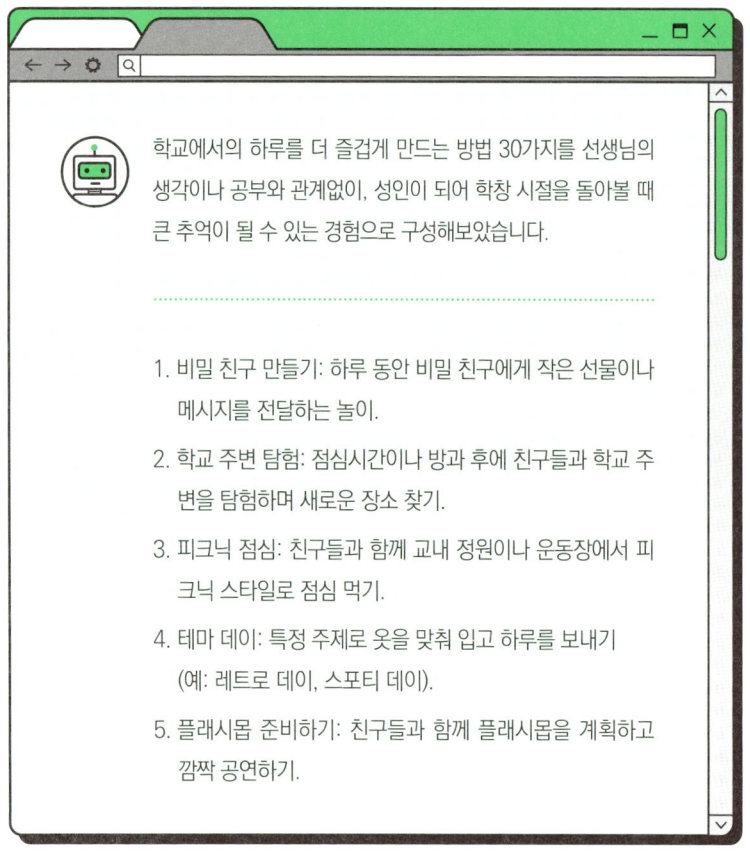

6. 즉석 사진 촬영: 폴라로이드 카메라로 친구들과 즉석 사진 찍기.

7. 학교 신문 만들기: 친구들과 함께 학교 신문을 제작하고 배포하기.

8. 비밀기지 만들기: 교내 한구석에 비밀기지를 만들어 친구들과 모이기.

9. 버킷리스트 작성: 친구들과 함께 학기 동안 해보고 싶은 일들로 버킷리스트 작성하기.

10. 반짝이 타투 놀이: 친구들과 반짝이 타투 스티커를 붙이며 놀기.

11. 학교 괴담 이야기: 쉬는 시간이나 점심시간에 학교 괴담 이야기 나누기.

12. 감사 노트 교환: 친구들과 시모에게 감사한 점을 적어 노트 교환하기.

13. 어드벤처 게임: 학교 내에서 보물찾기 같은 어드벤처 게임하기.

14. 페이스 페인팅: 축제 날 친구들과 얼굴에 페인팅하기.

15. 돌아가면서 사진사 되기: 하루 동안 돌아가며 친구들 사진 찍어주기.

16. 친구와 손 편지 교환: 친구들과 손 편지를 교환하며 추억

만들기.

17. 미니 콘서트: 점심시간에 친구들과 미니 콘서트 열기.
18. 도전 과제: 친구들과 서로에게 재미있는 도전 과제 내기.
19. 학교 투어 가이드: 친구들과 함께 재미있는 학교 투어 가이드 역할 놀이.
20. 즉석 연극: 쉬는 시간에 즉석에서 연극 대본을 만들고 공연하기.
21. 사일런트 디스코: 이어폰을 나눠 끼고 각자 음악을 들으며 춤추기.
22. 추억의 간식 만들기: 교내에서 간단한 추억의 간식 만들기(예: 쿠키 데코레이션).
23. 트릭아트 사진 찍기: 교내에서 트릭아트 사진 찍을 장소 찾아 사진 찍기.
24. 명예의 벽: 친구들과 명예의 벽을 만들어 서로의 업적이나 장점을 적어주기.
25. 역할 바꾸기: 하루 동안 친구와 역할을 바꾸어 생활하기.
26. 학생 DJ: 점심시간에 교내 방송을 통해 좋아하는 음악 틀어주기.
27. 퀴즈 대회: 친구들과 재미있는 퀴즈 대회 열기.
28. 미니 올림픽: 친구들과 교내에서 미니 올림픽 개최하기.

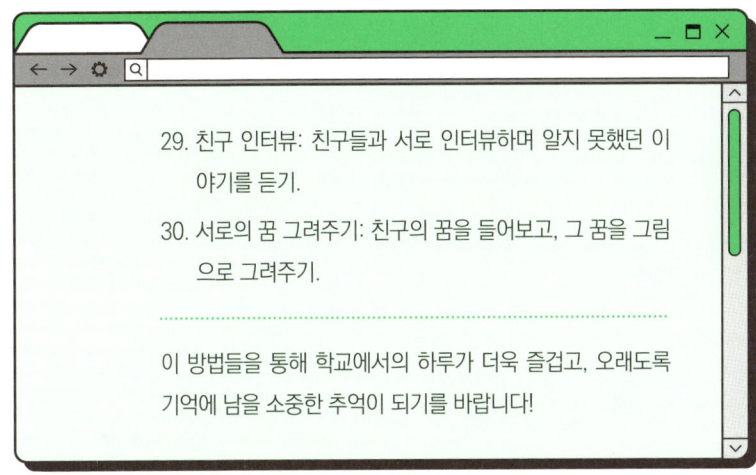

어때요? 답변이 마음에 드나요? 완벽하지는 않더라도 처음 답변보다는 마음에 드는 아이디어들이 많다는 것을 느꼈을 겁니다. 혼자 하는 브레인스토밍과 친구들과 하는 브레인스토밍은 유익하긴 하지만 한계가 분명해요. 지식과 정보도 부족할뿐더러 상상의 재료가 되는 경험도 많이 부족한 상태인 경우가 대부분일 거예요. 그럴 때는 아무리 머리를 쥐어짜도 새로운 생각이 나지 않아 답답할 뿐이지요. 그런데 챗GPT는 원하는 아이디어를 30개뿐 아니라 50개, 100개, 그 이상도 만들어낼 수 있어요. 더 놀라운 건 그러한 답변을 수없이 요구할 수 있다는 사실이지요. 질문 몇 번으로 수백, 수천 가지의 답변을 받을 수 있다는 것은 단순하고 쉬운 일이 아니랍니다. 불과 얼마 전까지만 해도 인류가 경험해보지 못했던 혜택이 분명하지요.

그런데, 챗GPT에게 질문 던지는 일에만 급급해 스스로 생각하며 질문을 떠올리는 일에 게을러서는 안 돼요. 그러다 보면 챗GPT에게 던져야 할 좋은 질문 자체가 내 머리에 떠오르지 않을 가능성이 높아집니다. 그러면 어떻게 될까요? 챗GPT를 활용하더라도 좋은 답변을 이끌어낼 가능성이 줄어들게 되지요.

챗GPT를 활용하여 정보의 한계, 상상의 한계, 시간의 한계를 뛰어넘어보세요. 브레인스토밍 질문 하나만 잘 활용하더라도 여러분의 미래에 놀라운 일들이 벌어질 수 있다는 것을 꼭 기억하세요.

 **TIP 챗GPT 질문 꿀팁**

특정 상황, 배경을 설정한 후 답변을 요청하세요 ★

여러분의 질문에 특정 상황을 설정해 그 상황에서의 답변을 요청해보세요. 이 한 가지 질문 설정만 더해도 더 좋은 답변을 받아볼 수 있습니다.

 학교에서 스트레스를 푸는 방법 7가지 추천해줘! 단, 교실에서 조용히 할 수 있는 방법으로 부탁해. 나중에 떠올리면 웃음이 나오는 경험이 될 만한 것들이면 좋겠어.

 교실에서 조용히 할 수 있으면서도 스트레스를 풀고, 나중에 떠올리면 웃음이 나올 만한 방법 7가지를 추천해드릴게요.

1. 조용히 책 읽기 재미있는 소설이나 만화를 읽으면 스트레스를 잊을 수 있어요. 특히 친구와 책을 바꿔 읽고 내용에 대해 웃으며 이야기하면 즐거운 추억이 됩니다.

2. 작은 노트 쓰기 작은 노트에 오늘의 감정을 적거나 재미있는 생각을 기록해보세요. 나중에 친구들과 노트를 교환해 읽어보면 웃음이 나올 수 있는 소중

한 기록이 될 거예요.

3. 종이접기 종이로 간단한 종이학이나 종이배 등을 접어보세요. 친구와 누가 더 멋지게 접는지 경쟁해 보는 것도 재미있습니다. 접은 작품들을 모아보면 나중에 좋은 추억이 됩니다.

4. 간단한 스케치 종이와 펜을 이용해 친구의 얼굴을 스케치해보세요. 잘 그리든 못 그리든 서로의 그림을 보고 웃을 수 있어요. 나중에 이 그림들을 모아보는 것도 재미있을 거예요.

5. 마음 챙김 색칠하기 색칠 공부 책이나 프린트물을 준비해 조용히 색칠해보세요. 색칠하면 마음이 차분해지고, 완성된 작품을 친구와 비교해보며 웃을 수 있습니다.

6. 손글씨 연습 예쁜 손글씨를 연습해보세요. 좋아하는 문구나 명언을 따라 쓰면서 마음이 안정될 수 있어요. 나중에 친구들과 손글씨를 비교하며 웃는 것도 재미있을 거예요.

7. 재미있는 퀴즈 풀기 친구와 함께 조용히 퀴즈를 풀어보세요. 서로 문제를 내고 맞추며 즐거운 시간을 보낼 수 있어요. 나중에 퀴즈 결과를 보며 웃을 수 있습니다. 이 방법들은 교실에서 조용히 하면서도 즐겁고, 나중에 떠올리면 웃음이 나올 만한 좋은 선택이 될 거예요.

05

트렌드 질문으로 내일을 준비하기

 오늘날 세상을 주도하는 인물을 이야기하라고 할 때 빼놓을 수 없는 사람이 있습니다. 바로 일론 머스크(Elon Musk)입니다. 그는 테슬라와 스페이스X를 창립한 혁신가로, 전기차와 우주산업의 미래를 열어가고 있는 인물이에요. 그는 항상 '왜?', '어떻게?'라는 질문을 던지며, 기존의 한계를 넘어서고 새로운 가능성을 탐구해왔지요.

 질문이라는 것은 단순한 호기심으로 시작된답니다. 그렇게 시작된 질문은 점점 깊어져가며 우리의 사고를 확장시키고 더 나은 답을 찾는 과정으로 이어지지요. 일론 머스크는 '왜 전기차가 더 많이 사용되지 않을까?', '어떻게 하면 화성에 사람을 보낼 수 있을까?' 와 같은 질문을 끊임없이 던졌어요. 이러한 질문들은 그가 새로운 기술을 개발하고, 테슬라와 스페이스X, 뉴럴링크 같은 혁신적인 프로젝트를 성공으로 이끄는 원동력이 되었답니다. 그의 질문은 단순히 기술적 문제를 해결하는 것에 머물지 않았어요. 머스크는 항상 현재의 트렌드를 주의 깊게 관찰하고, 미래에 어떤 변화가 일어날지 예측하며 그에 맞춰 준비했답니다. 전기차, 우주여행, 뇌 컴퓨터 등 그의 모든 사업은 현재의 흐름을 읽고 미래를 준비한 결과예요. 이러한 노력은 세상의 문을 열고 새로운 꿈을 향해 나아가는 자신의 발걸음인 동시에 인류의 미래를 바꾸는 혁신을 이끌어내고 있지요.

트렌드 질문, 변화와 흐름을 읽는 힘

여러분은 어떤가요? 미래를 어떻게 준비하고 있나요? 오늘날 세상은 너무 빠르게 변하고 있어요. 새로운 기술, 문화, 사회적 변화가 일어나고 있지요. 이런 변화 속에서 여러분의 꿈을 이루기 위해서는 여러분도 준비해야 해요.

먼저 현재의 트렌드를 파악하는 것이 중요합니다. 트렌드를 이해하는 것은 최신 정보를 아는 것을 넘어 앞으로 어떤 변화가 올지 예측하고 준비하는 과정이에요. 이는 개인의 성장과 사회의 발전에 꼭 필요해요. 새로운 기술이 등장하거나 사회적 변화가 일어날 때 이를 빠르게 이해하고 대응하는 능력을 갖춤으로써 나만의 경쟁력을 높여갈 수 있답니다.

예전이라면 인터넷 검색을 통해 정보를 찾거나 잡지의 기사를 찾아보며 전문가의 의견을 읽는 것이 할 수 있는 최선의 일이었지요. 그런데 생성형 인공지능이 등장한 이후부터는 질문을 던지는 것만으로도 현재의 트렌드를 분석하는 일뿐만 아니라 미래에 어떤 변화가 있을지도 예측하는 것을 누구나 할 수 있게 되었답니다. 현재의 트렌드를 이해하고 미래를 예측하는 데 필요한 최신 정보도 전문 연구소에 버금갈 정도로 지원받을 수 있는 시대가 되었지요. 이를 통해 우리는 현재의 변화에 발맞춰 미래에 대한 적절한 준비를 할 수 있는 기회를 얻게 되는 거지요.

트렌드 질문, 이렇게 던져보세요

트렌드 분석과 예측을 위해 어떤 질문을 던질 수 있을까요? 제일 먼저 트렌드 질문을 하기 위해 어떤 질문을 던지는 것이 좋을지 질문하기를 추천합니다. 많은 사람들이 어떤 질문을 던져야 할지 자체를 알지 못하는 경우가 많답니다. 챗GPT에게 다음과 같이 질문을 던져보았어요.

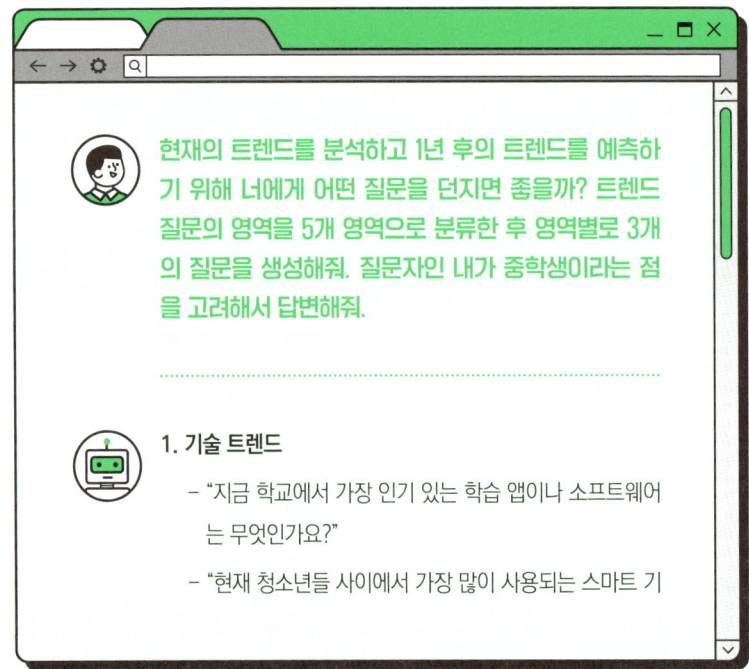

기는 무엇인가요?"
- "요즘 학생들이 주목하고 있는 최신 기술 혁신은 무엇인가요?"

2. 사회 및 문화 트렌드
- "현재 청소년들 사이에서 가장 유행하는 패션 스타일은 무엇인가요?"
- "요즘 학생들이 가장 즐겨 보는 유튜브 채널이나 SNS 인플루언서는 누구인가요?"
- "현재 학교에서 인기 있는 취미나 여가 활동은 무엇인가요?"

3. 경제 트렌드
- "현재 학생들이 가장 많이 사는 아이템이나 제품은 무엇인가요?"
- "지금 청소년들 사이에서 인기 있는 브랜드는 무엇인가요?"
- "현재 청소년들이 관심을 가지는 미래 직업은 무엇인가요?"

4. 교육 트렌드
- "지금 학교에서 가장 많이 사용하는 교육 기술은 무엇인

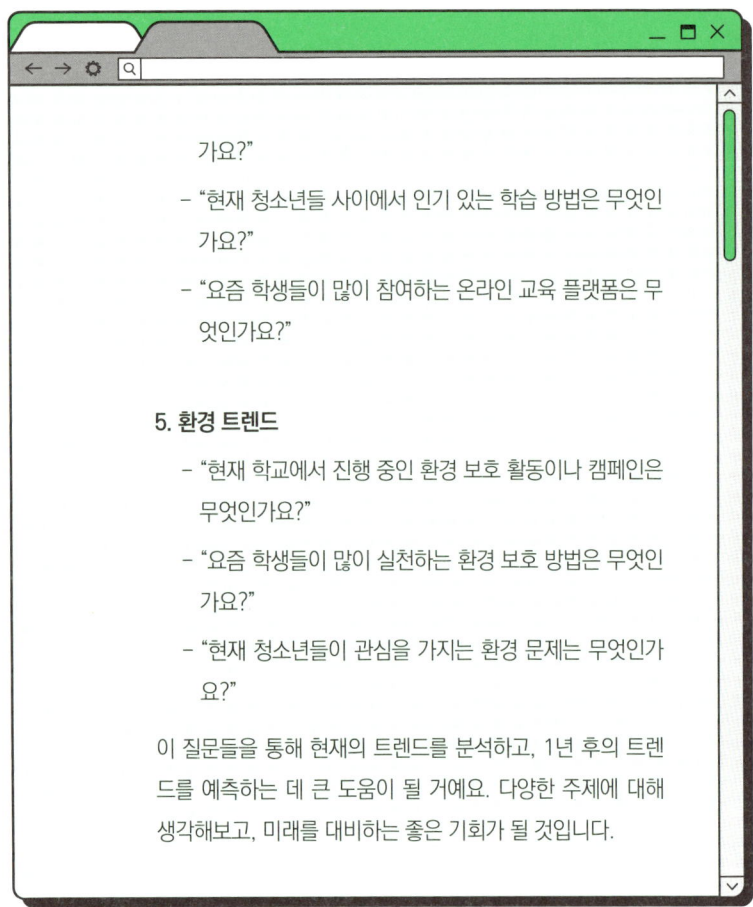

이렇게 챗GPT에게 질문을 요청하면 질문을 생성해줍니다. 이제 챗GPT가 만들어준 질문을 다시 챗GPT에게 던져볼 시간입니다.

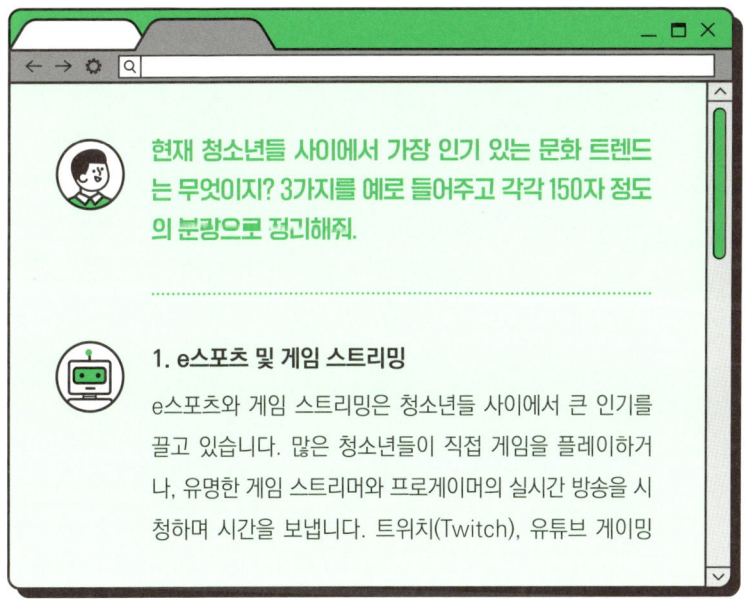

현재 청소년들 사이에서 가장 인기 있는 문화 트렌드는 무엇이지? 3가지를 예로 들어주고 각각 150자 정도의 분량으로 정리해줘.

1. e스포츠 및 게임 스트리밍

e스포츠와 게임 스트리밍은 청소년들 사이에서 큰 인기를 끌고 있습니다. 많은 청소년들이 직접 게임을 플레이하거나, 유명한 게임 스트리머와 프로게이머의 실시간 방송을 시청하며 시간을 보냅니다. 트위치(Twitch), 유튜브 게이밍

(YouTube Gaming) 등의 플랫폼이 큰 역할을 하고 있으며, 대규모 e스포츠 대회도 점점 더 많아지고 있습니다. 이 문화는 친구들과의 소통 수단이자, 스트레스 해소 방법으로 자리 잡고 있습니다.

2. K-pop 및 댄스 챌린지

K-pop은 글로벌 현상으로 성장하며 청소년들 사이에서 큰 인기를 얻고 있습니다. BTS, 블랙핑크 등 인기 그룹들은 음악뿐만 아니라 춤, 패션 등에서도 큰 영향을 미치고 있습니다. 특히, 틱톡(TikTok)과 인스타그램(Instagram) 등 소셜 미디어에서 다양한 댄스 챌린지가 유행하며, 청소년들은 이를 따라 하고 공유하면서 즐깁니다. 이러한 활동은 자신을 표현하고 친구들과 공감대를 형성하는 중요한 방법이 되고 있습니다.

3. 소셜 미디어 인플루언서

청소년들은 유튜브(YouTube), 틱톡(TikTok), 인스타그램(Instagram) 등의 소셜 미디어 플랫폼을 통해 다양한 인플루언서를 팔로우하며 트렌드를 따라갑니다. 패션, 뷰티, 라이프스타일, 코미디 등 다양한 콘텐츠를 제공하는 인플루언서들이 큰 인기를 끌고 있으며, 이들의 콘텐츠는 청소년들의 생활에 많은 영향을 미칩니다. 청소년들은 이를 통해 새로운 정보를 얻고, 자신의 관심사와 취향을 더욱 확립해나갑니다.

5년 내에 상용화될 가능성이 높은 기술은 무엇일까? 3가지만 예를 들어 추천해주고 그렇게 분석한 이유를 150자 이내로 간단히 설명해줘.

 ### 1. 5G 및 6G 통신 기술

5G가 이미 도입되고 있으며, 6G도 연구 중입니다. 이 기술들은 더 빠른 데이터 전송 속도와 낮은 지연 시간을 제공해 스마트 시티, 자율주행차, IoT 등 다양한 분야에서 혁신을 촉진할 것입니다.

2. 인공지능(AI) 기반 의료 진단

AI 기술은 이미 많은 의료 분야에서 활용되고 있으며, 5년 내에 더 정교하고 정확한 진단 도구로 상용화될 것입니다. 이는 조기 진단과 개인 맞춤형 치료를 가능하게 할 것입니다.

3. 가상 현실(VR)과 증강 현실(AR)

VR과 AR 기술은 게임과 교육뿐만 아니라 헬스케어, 부동산, 제조 등 다양한 산업에서 응용되고 있습니다. 5년 내에 더 많은 일상적 사용이 가능해질 것입니다.

트렌드 분석과 미래 준비의 중요성

현재와 미래를 잘 분석하고 준비하는 것은 여러분의 성공과 실패를 결정짓는 중요한 요인입니다. 세상이 빠르게 변하는 시대를 사는 여러분에게는 더욱 그렇지요. 이제는 여러분도 일론 머스크처럼 트렌드를 읽어내고 미래를 준비할 수 있습니다. 현재의 트렌드를 파악하고 미래를 예측하는 것은 여러분의 꿈을 실현하는 데 중요한 과정임을 잊지 마세요. 내일의 변화를 위한 준비, 지금 바로 시작해볼까요?

 **TIP** 챗GPT 질문 꿀팁

> 답변에 구체적인 예시를 요청하세요★

답변에 구체적인 예시를 포함해달라고 요청해보세요. 예를 들어, "예시를 통해 설명해줘"라고 하면 더 명확한 답변을 얻을 수 있습니다.

 나는 중학교 1학년이야. 이번에 처음으로 헬스클럽 3개월 회원권을 끊었어. 몸이 많이 말랐는데, 그래서인지 자신감도 떨어지고 해서 운동으로 근력을 조금 키우려고 해. 너무 심하게 운동하면 키가 크지 않는다고 하는데 무리하지 않으면서 몸의 근력을 강화시키는 방법을 알려줘. 특히 다리가 많이 얇아서 다리 근육을 조금 더 키우고 싶어. 3개월 동안 어떻게 운동하면 되는지 간단하게 정리해줘.

 처음 헬스클럽에 가게 되어 기대가 클 것 같아! 몸의 근력을 강화하고 자신감을 키우기 위해 3개월 동안 무리하지 않으면서 효과적으로 운동할 수 있는 방법을 간단하게 정리해줄게. 특히 다리 근육을 강화하는 데 중점을 두고, 전체적인 근력 향상을 목표로 하자.

주 3일 운동 (월, 수, 금)

첫 달: 기초 체력과 근력 키우기

- 워밍업 (10분)
- 가볍게 걷기 또는 자전거 타기
- 다리 운동
- 스쿼트: 3세트 × 10회
- 레그 프레스: 3세트 × 12회
- 런지: 3세트 × 10회 (각 다리)
- 상체 운동
- 푸시업: 3세트 × 10회
- 덤벨 컬: 3세트 × 12회 (각 팔)
- 랫 풀다운: 3세트 × 12회
- 코어 운동
- 플랭크: 3세트 × 30초
- 크런치: 3세트 × 15회
- 쿨다운 (5분)
- 가벼운 스트레칭

둘째 달: 근력 향상 및 자세 개선

- 워밍업 (10분)
- 가볍게 뛰기 또는 자전거 타기
- 다리 운동

- 스쿼트: 3세트 × 12회
- 레그 프레스: 3세트 × 15회
- 런지: 3세트 × 12회 (각 다리)
- 레그 컬: 3세트 × 15회
- 상체 운동
- 벤치 프레스: 3세트 × 10회
- 덤벨 로우: 3세트 × 12회
- 숄더 프레스: 3세트 × 12회
- 코어 운동
- 사이드 플랭크: 3세트 × 30초 (각 측면)
- 바이시클 크런치: 3세트 × 15회
- 쿨다운 (5분)
- 가벼운 스트레칭

셋째 달: 근력 유지 및 추가 강화

- 워밍업 (10분)
- 가볍게 뛰기 또는 자전거 타기
- 다리 운동
- 스쿼트: 3세트 × 15회
- 레그 프레스: 3세트 × 15회
- 런지: 3세트 × 15회 (각 다리)
- 레그 컬: 3세트 × 15회
- 카프 레이즈: 3세트 × 20회

- 상체 운동
- 벤치 프레스: 3세트 × 12회
- 덤벨 로우: 3세트 × 15회
- 숄더 프레스: 3세트 × 15회
- 코어 운동
- 플랭크: 3세트 × 45초
- 크런치: 3세트 × 20회
- 쿨다운 (5분)
- 가벼운 스트레칭

> **추가 팁** ▼

- 휴식: 매일 운동하지 않고, 충분한 휴식을 취해줘. 근육이 회복하는 동안 더 강해질 수 있어.
- 영양: 단백질이 풍부한 식사를 하도록 노력해. 닭가슴살, 계란, 두부 등을 많이 먹어.
- 수분 섭취: 운동 중에는 충분히 물을 마셔.
- 자세: 정확한 자세로 운동하는 것이 중요해. 헬스클럽 트레이너에게 조언을 구해.

3개월 동안 꾸준히 노력하면 분명히 좋은 결과를 볼 수 있을 거야. 파이팅!

PART

2

논리의 미로, 질문으로 길을 열다

06

핵심만 쏙!
복잡한 문제를 한눈에!
요약 질문의 기술

흐르는 강물처럼

　브래드 피트(Brad Pitt)라는 유명한 배우가 출연한 작품 중 〈흐르는 강물처럼(A River Runs Through It)〉이라는 영화가 있어요. 영화에는 아빠가 주인공인 아들에게 글을 과제로 내주고 검사하는 장면이 나옵니다. 아빠는 아들의 글을 읽고는 "반으로 요약해오거라!"라고 말합니다. 아들은 아빠의 요구대로 글을 반으로 요약해오지요. 그런데 아빠는 그 글을 검사하더니 "다시 반으로 요약해오거라!"라고 말해요. 아들은 이번에도 아빠의 말을 따릅니다. 글을 읽고 수정하며 전보다 짧은 글로 요약 정리해온 아들의 글을 검사한 아빠는 "잘했다. 이젠 버려라!"라고 말합니다. 아들은 자신이 쓴 종이를 두 손으로 구겨 쓰레기통에 버려요. 그러고는 낚싯대를 챙겨 들고 동생과 함께 고기를 잡으러 강으로 달려갑니다.

아빠는 왜 아들에게 여러 차례 요약해오라는 과제를 내주신 걸까요? 아들에게 글쓰기 훈련을 시키려 했던 걸까요? 맞아요. 글쓰기 훈련임에는 분명합니다. 그러나 단순히 글쓰기를 잘하게 하려는 것만은 아니에요. 어떻게 아냐고요? "잘했다. 이젠 버려라!"라고 말하는 아빠의 말에서 아빠의 의도를 발견할 수 있지요.

아빠는 아들이 글을 쓸 때 핵심을 정확히 파악하고 그것을 자신의 언어로 표현하는 능력을 길러주려고 했어요. 글을 요약하는 과정에서 불필요한 부분을 제거하고 핵심만을 남기는 연습을 시킨 것도 그것 때문이었지요. 아들은 글을 요약하며 자신의 생각을 정리해갔습니다. 글을 짧게 요약해가며 생각은 더욱 명확해져 갔을 거예요. 종이에 쓰인 글은 쓰레기통에 던져졌지만 그 글을 만들어낸 주인공의 생각은 버려지지 않았어요. 요약의 과정을 통해 정리된 생각은 암기하려 하지 않아도 기억이 나기 때문이에요. 기억은 하는 것이라기보다 저절로 나는 것이랍니다. 주인공의 아빠는 그 원리를 알았기에 일상에서 요약 훈련을 반복했던 것이었습니다.

챗GPT의 요약 능력

사람들은 왜 이토록 챗GPT에 열광할까요? 여러 이유 중 하나는 바로 챗GPT의 뛰어난 요약 능력 때문이에요. 챗GPT는 세상의 모든 분야, 다양한 주제들에 대해 어떤 질문을 던져도 답변을 생성해줍니다. 질문의 요점을 잘 파악해 질문자가 요구하는 형식, 분량에 맞춰 답변을 생성해주지요. 그런데 챗GPT의 이러한 뛰어난 능력의 핵심이 요약 능력이라는 것 아세요? 챗GPT가 생성해주는 답변은 모두 요약문에 해당됩니다. 이 책에서 예로 드는 챗GPT의 다양한 답변들이 모두 요약문이라는 거에요.

모든 분야에서 최고의 전문가들은 줄이고 늘이는 능력이 있는

사람들입니다. 전문가들은 자신의 전문 분야, 주제들에 대해 책을 쓴 사람들인 경우가 많아요. 두꺼운 책에 담아낼 만큼의 풍부한 정보와 지식을 가진 사람들이지요. 전문가들에게는 또 다른 능력이 하나 있는데 바로 요약하는 능력이에요. 자신들의 전문 주제에 대해서 한두 장, 한두 마디의 글로도 핵심을 전달할 수 있는 사람들이라야 전문가라고 할 수 있답니다.

요약은 단순히 분량을 줄이는 것만을 의미하지 않아요. 내용적인 면에서도 핵심 키워드와 주제를 담아내야 하지요. 챗GPT는 우리의 어떠한 요청에도 방대한 정보를 빠르게 처리해 정리된 요약문으로 생성해준답니다. 기적과도 같은 일이 오늘날 우리 눈앞에서 벌어지고 있는 거예요.

영화, 고전, 사건과 사고 무엇이든 요약해드립니다

요약하기 질문은 아주 간단합니다. 원하는 분야의 뉴스 기사나 자료를 요약해달라고 요청해보세요. 학교 공부, 영화, 역사 상식 등 어떤 내용도 가능해요. "~를 요약해줘"라는 간단한 질문으로 시작하면 됩니다. 몇 가지 질문을 예로 들어볼게요.

큰 인기를 끌었던 마블 영화 중 〈스파이더맨: 노 웨이 홈(Spider-Man: No Way Home)〉이라는 영화가 있습니다. 이 영화의 줄거리와 핵심 관람 포인트를 요약해달라고 챗GPT에게 요청해보겠습니다.

스파이더맨 노 웨이 홈을 보려고 해. 먼저 이 영화의 스토리를 200자 정도 분량으로 요약해줘. 그리고 이 영화를 더욱 재미있게 시청하기 위해 미리 알아두면 좋은 내용들을 알려주면서 관람 포인트를 정리해줘.

스토리 요약(200자)

〈스파이더맨: 노 웨이 홈〉은 피터 파커(스파이더맨)가 자신의 정체가 드러난 후 겪는 이야기를 다룹니다. 피터는 자신의 정체를 숨기기 위해 닥터 스트레인지에게 도움을 청하고, 잘못된 주문으로 인해 여러 평행 세계의 빌런들이 등장하게 됩니다. 피터는 다른 차원의 스파이더맨들과 힘을 합쳐 이들을 막고, 결국 사랑하는 사람들을 지키기 위해 희생을 감수하며 자신을 잊게 만듭니다.

관람 포인트 및 사전 정보

1. 다중우주(멀티버스) 이해하기
- 영화는 다양한 차원의 스파이더맨이 등장하는 멀티버스 개념을 다룹니다. 이를 이해하면 복잡한 스토리를 따라가기가 훨씬 수월합니다.

2. 이전 스파이더맨 영화들 복습하기
- 토비 맥과이어와 앤드류 가필드가 주연한 이전 스파이더맨 영화들을 미리 보면, 각 캐릭터와 빌런들에 대한 이해가 깊어져 감동이 배가됩니다.

3. 닥터 스트레인지의 역할
- 닥터 스트레인지가 중요한 역할을 하므로, 그의 마법 능력과 캐릭터에 대해 사전 지식이 있으면 좋습니다. 이를 통해 영화의 마법적 요소들을 쉽게 이해할 수 있습니다.

4. 주요 빌런들 알아두기
- 그린 고블린, 닥터 옥토퍼스, 일렉트로 등 주요 빌런들의 배경을 미리 알아두면 이들의 동기와 행동을 이해하는 데 도움이 됩니다.

5. 감정선 주목하기
- 피터 파커의 성장과 희생, 친구들과의 관계 변화에 주목하면 영화의 감정선을 깊이 있게 느낄 수 있습니다.

영화 감상 팁
- 영화의 시작부터 끝까지 놓치지 말고 집중해서 관람하세요. 여러 복선과 중요한 장면들이 많아 스토리 이해에 큰 도움이 됩니다.
- 크레딧 이후의 추가 장면을 꼭 보세요. 다음 영화에 대한 힌트가 숨겨져 있습니다.

이번에는 대만이란 나라가 어떻게 생겨났는지 질문해보겠습니다.

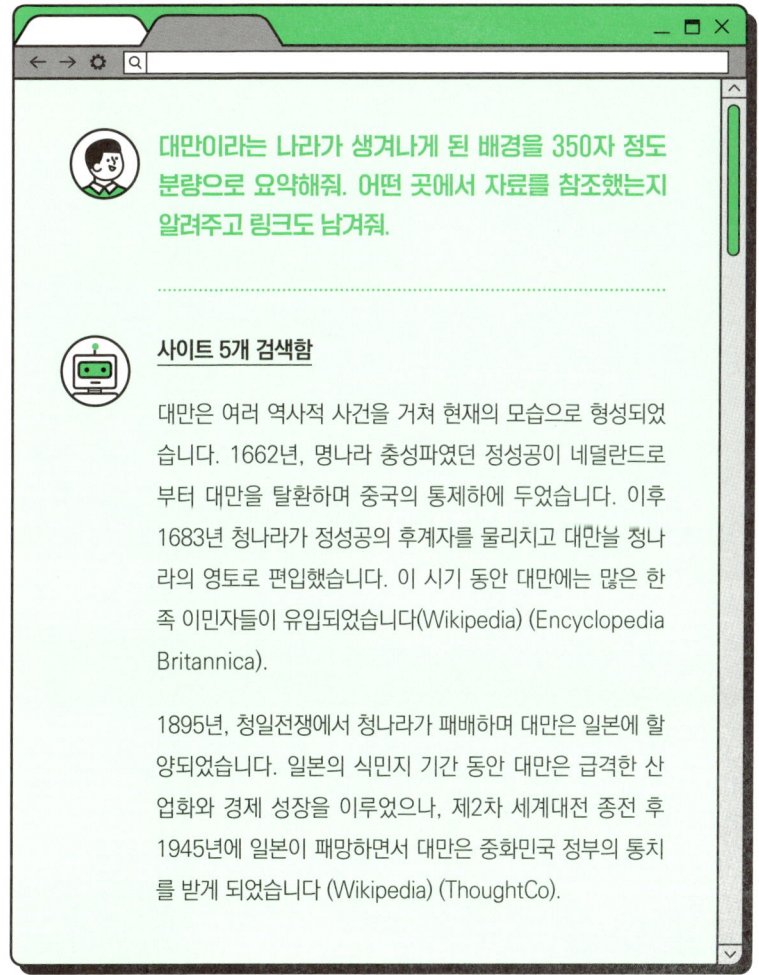

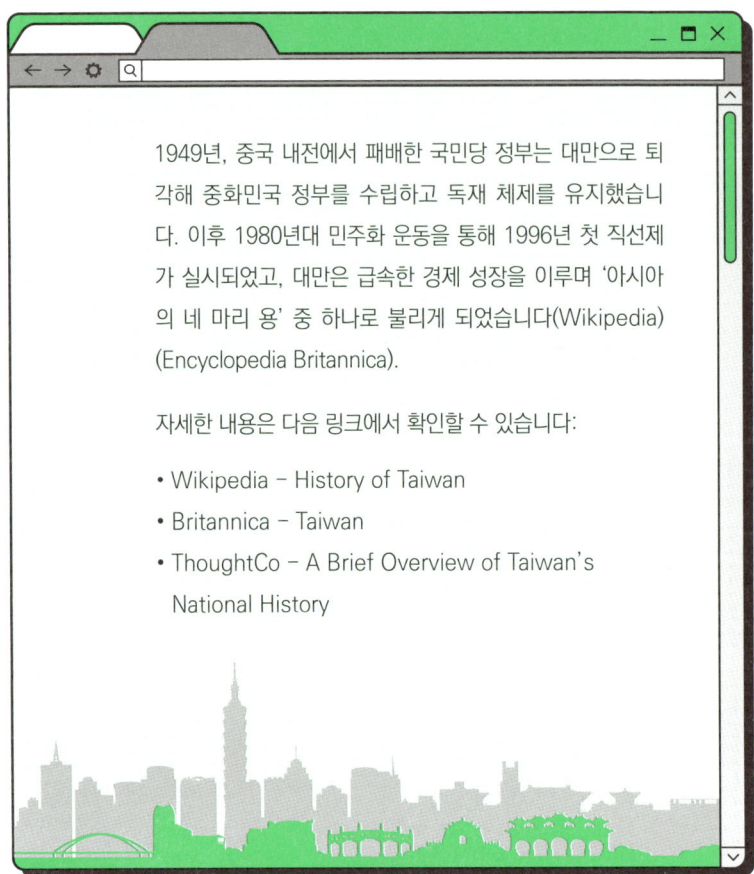

1949년, 중국 내전에서 패배한 국민당 정부는 대만으로 퇴각해 중화민국 정부를 수립하고 독재 체제를 유지했습니다. 이후 1980년대 민주화 운동을 통해 1996년 첫 직선제가 실시되었고, 대만은 급속한 경제 성장을 이루며 '아시아의 네 마리 용' 중 하나로 불리게 되었습니다(Wikipedia)(Encyclopedia Britannica).

자세한 내용은 다음 링크에서 확인할 수 있습니다:

- Wikipedia – History of Taiwan
- Britannica – Taiwan
- ThoughtCo – A Brief Overview of Taiwan's National History

반드시 주의하세요!

챗GPT의 요약 능력을 통해 많은 도움을 받을 수 있지만, 스스로 요약하는 훈련도 반드시 필요합니다. 챗GPT를 도구로 활용해야  지 의존해서는 안 됩니다. 스스로 요약하는 동시에 요약하기 질문을 통해 챗GPT의 요약 생성 능력을 잘 활용한다면 복잡한 문제를 한눈에 파악하고, 중요한 정보를 효율적으로 처리할 수 있는 능력을 갖추게 될 것입니다.

TIP 챗GPT 질문 꿀팁

답변의 출처를 요청하세요 ★

답변에 참고 자료나 출처를 포함해달라고 요청해보세요. 예를 들어, "관련 책이나 논문을 참고해줘"라고 하면 챗GPT는 더 신뢰성 있는 답변을 제공해줍니다.

온라인으로 수학을 공부하려고 해. 무료로 공부할 수 있는 국내와 외국 사이트 주소를 몇 개만 소개해줘. 주소 링크를 포함한 답변 부탁해.

수학을 온라인으로 무료로 공부할 수 있는 국내와 외국 사이트 몇 가지를 소개할게. 각각의 사이트 주소를 포함했어.

국내 사이트

- EBSi (EBS 인터넷 강의)
    - 다양한 수학 강의를 무료로 제공하는 사이트.
    - EBSi 수학 강의
- 메가스터디
    - 일부 무료 강의를 제공하며, 수학을 포함한 다양한 과목을 공부할 수 있어.
    - 메가스터디 무료 강의

- **디딤돌 온라인**
  - 다양한 학습 자료와 동영상 강의를 제공하는 사이트.
  - 디딤돌 온라인

외국 사이트

- **Khan Academy**
  - 다양한 수학 강의를 무료로 제공하며, 개념 설명부터 심화 학습까지 모두 포함.
  - Khan Academy Math
- **Coursera**
  - 세계 유수의 대학들이 제공하는 수학 강의를 무료로 수강할 수 있어. (일부 유료 인증서 제공)
  - Coursera Math
- **MIT OpenCourseWare**
  - MIT에서 제공하는 무료 온라인 강의 자료로, 고급 수학 강의도 포함.
  - MIT OpenCourseWare Mathematics
- **EdX**
  - 다양한 대학의 수학 강의를 무료로 제공. (일부 유료 인증서 제공)
  - EdX Math

이 사이트들을 통해 체계적으로 수학을 공부할 수 있을 거야. 각 사이트에서 자신에게 맞는 강의를 찾아서 열심히 공부해봐!

07

전문가가 되는 첫걸음, 논리 질문의 힘

누군가 여러분에게 "당신은 매우 논리적인 사람이군요"라고 이야기한다면 여러분은 어떤 느낌이 들 것 같나요? 이런 얘기를 들으면 대부분의 사람들은 자신의 지적 능력을 인정받았다는 칭찬으로 느낄 거예요. 그 말로 인해 자신감을 갖게 되는 사람들도 있을 겁니다.

저의 학창 시절을 돌이켜보면 공부 자체가 재미있지는 않았어요. 그런데 힘들게 공부한 결과로 성적이 오르고 칭찬을 받으면 더 열심히 공부하려는 마음이 생겨나곤 했지요. 누군가에게 인정받는다는 것만큼 즐거운 일도 없으니까요. 논리적이라는 칭

찬도 마찬가지예요.

어떤 분야든 전문가가 되기 위해서 논리적인 사고는 반드시 지녀야 할 능력입니다. 논리적이라는 말은 어떤 의미일까요? 생각이나 말이 앞뒤가 맞고, 이유와 결과, 주장과 근거가 잘 연결되어 있다는 뜻이에요.

논리성의 핵심은 일관성이에요. 주장과 근거가 자연스럽게 연결되고 이야기를 유지하는 거예요. 그래서 논리적인 말과 글은 이해하기가 쉽고 신뢰를 얻는답니다. 마치 수학 문제를 푸는 것처럼 한 단계씩 차근차근 풀어가는 능력을 논리적이라 말해요.

논리적이어야 문제나 상황을 나누어보고 이해하는 분석 능력을 가질 수 있어요. 그리고 추론하는 능력도 향상시킬 수 있지요. 추론 능력은 주어진 정보로부터 새로운 정보를 도출해내는 능력을 말해요. 논리적일 때 일관된 생각을 펼쳐갈 수 있고 분석과 추론 능력을 통해 문제 해결에 능한 전문가, 문제 해결사가 될 수 있답니다.

그래서 많은 사람들이 논리적인 역량을 키우려고 해요. 하지만 쉽지 않죠. 논리적인 사고를 습득하고 유지하려면 시간과 노

력이 필요하답니다. 게다가 많은 정보와 복잡한 문제를 다룰 때는 더욱 어렵지요. 그런데 여러분, 논리적인 힘을 향상시키는 데 있어서도 챗GPT의 활용이 아주 유용하다는 걸 알고 있나요? 챗GPT에게 어떤 질문을 던질 수 있냐고요? 크게 세 가지 논리 질문법이 있습니다.

1. 비교 질문

비교 질문을 통해서 분석 능력을 키울 수 있어요. 비교 질문은 두 개 이상의 사물이나 개념을 비교함으로써 각각의 차이점과 공통점을 파악하는 데 유용합니다. 예를 들어, "과거와 현재의 교육 방법은 어떻게 다른가?" 하는 질문을 던져볼 수 있어요. 이 질문을 통해 교육의 발전과 변화를 이해할 수 있습니다. 비교 질문을 던지면, 단순히 개별 요소를 아는 것에서 넘어서 전체적인 맥락 속에서 각 요소의 의미를 파악할 수 있게 돼요. 학교 공부와 관련해서도 다양한 비교 질문을 던져볼 수 있습니다.

"고전 문학과 현대 문학의 차이점은?"

"설명문과 논설문의 구조적 차이는?"

"영어에서 직설법과 가정법의 문법적 차이는?"

"일차방정식과 이차방정식의 차이는?"

수학을 공부할 때와 독서와 글쓰기를 공부하는 과정에서 논리적 사고 능력이 자라난다고 하는데 어떤 공통점과 차이점이 있는지와 서로의 장단점을 비교, 분석해줘.

수학 공부와 독서 및 글쓰기 공부는 모두 논리적 사고 능력을 향상시키는 데 도움이 됩니다. 하지만 그 과정과 방법에는 공통점과 차이점이 존재합니다. 아래에서 이 두 가지 학습 방식의 공통점과 차이점, 그리고 각각의 장단점을 비교해 보겠습니다.

공통점

1. **문제 해결 능력:** 두 분야 모두 문제 해결 능력을 키워줍니다. 수학은 문제를 해결하기 위한 명확한 절차를 요구하고, 독서와 글쓰기는 주제나 주장을 명확히 하고 이를 뒷받침하는 논거를 찾아내는 과정을 포함합니다.

2. **논리적 사고:** 두 분야 모두 논리적인 사고를 요구합니다. 수학은 논리적 규칙을 따르며, 독서와 글쓰기는 주장과 근거를 논리적으로 연결해야 합니다.

3. **집중력 향상:** 두 활동 모두 지속적인 집중력을 필요로 합니다. 수학 문제를 푸는 동안과 글을 쓰는 동안 집중해야

좋은 결과를 얻을 수 있습니다.

4. 비판적 사고: 수학은 각 단계의 논리적 타당성을 검토하게 하고, 독서와 글쓰기는 정보를 비판적으로 분석하고 평가하는 능력을 기릅니다.

차이점

1. 과목 특성
- 수학: 주로 숫자와 수식, 정해진 규칙을 따릅니다. 정답이 명확히 존재하며, 절차적 접근이 중요합니다.
- 독서와 글쓰기: 언어와 문장을 다룹니다. 정답이 여러 개일 수 있으며, 창의적이고 주관적인 접근이 중요합니다.

2. 학습 방법
- 수학: 공식과 규칙을 암기하고, 이를 적용하여 문제를 풉니다. 연습 문제를 통한 반복 학습이 중요합니다.
- 독서와 글쓰기: 텍스트를 이해하고 분석하며, 자신의 생각을 논리적으로 표현하는 연습이 중요합니다.

장단점 비교

1. 수학
- 장점
  - 명확한 정답: 정해진 답이 있어 성취감을 느끼기 쉽습니다.

- 논리적 규칙 습득: 체계적이고 논리적인 사고를 강화합니다.
- 문제 해결 능력: 복잡한 문제를 단계별로 해결하는 능력을 기릅니다.

• 단점
- 창의성 부족: 정답을 찾는 데 집중하다 보면 창의적인 사고가 제한될 수 있습니다.
- 추상적: 일부 학생들에게는 추상적인 개념이 어려울 수 있습니다.

2. 독서와 글쓰기

• 장점
- 창의적 표현: 자신의 생각과 감정을 자유롭게 표현할 수 있습니다.
- 비판적 사고: 다양한 관점을 접하고 분석하는 능력을 기릅니다.
- 언어 능력 향상: 어휘력과 문장 구성 능력이 향상됩니다.

• 단점
- 주관적 평가: 정답이 명확하지 않아 평가가 주관적일 수 있습니다.
- 시간 소모: 깊이 있는 독서와 글쓰기는 시간이 많이 걸릴 수 있습니다.

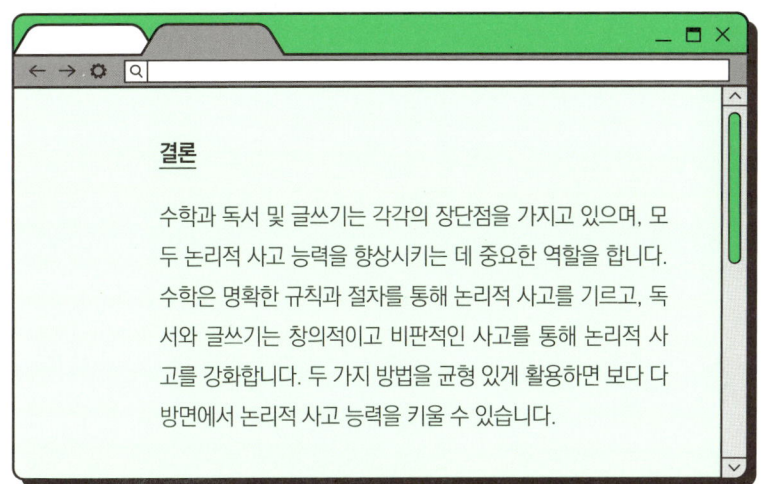

결론

수학과 독서 및 글쓰기는 각각의 장단점을 가지고 있으며, 모두 논리적 사고 능력을 향상시키는 데 중요한 역할을 합니다. 수학은 명확한 규칙과 절차를 통해 논리적 사고를 기르고, 독서와 글쓰기는 창의적이고 비판적인 사고를 통해 논리적 사고를 강화합니다. 두 가지 방법을 균형 있게 활용하면 보다 다방면에서 논리적 사고 능력을 키울 수 있습니다.

2. 원인과 결과 질문

원인과 결과 질문은 특정 사건이나 현상의 원인을 분석하고 그로 인한 결과를 파악하는 데 유용합니다. 예를 들어, "대학에서 전공한 분야와 전혀 관계없는 직업을 선택하는 사람들이 많은 이유는?"과 같은 질문을 던질 수 있지요. 이 질문을 통해 사람들이 전공과 다른 직업을 선택하는 이유와 그 결과로 나타나는 현상을 이해할 수 있게 됩니다. 원인과 결과 질문 역시 단순히 개별 사건을 아는 것에서 벗어나 전체적인 맥락 속에서 각 사건의 원인과 그로 인한 결과를 파악할 수 있게 되지요. 학교 공부와 관련한 원인과 결과 질문을 던져볼까요?

"학교에서 휴대폰 사용을 금지하면 학생들의 학습 성과에 어떤 영향을 미칠까?"

"학교에서 협동 학습을 실시하면 학생들의 사회성에 어떤 영향을 미칠까?"

"소셜 미디어 사용이 학생들의 정신 건강에 어떤 영향을 줄까?"

"규칙적인 운동이 학업 성적에 미치는 영향은?"

"지구 온난화의 주요 원인과 그로 인한 결과는?"

3 육하원칙 질문

육하원칙 질문은 '누가, 언제, 어디서, 무엇을, 어떻게, 왜'를 묻는 질문입니다. 이러한 질문을 통해 상황이나 사건을 자세히 이해할 수 있어요. 예를 들어, "이 사건은 언제, 어디서, 어떻게 일어났나요?"라는 질문을 던질 수 있습니다. 그럼으로써 사건의 모든 요소를 한눈에 파악할 수 있게 해주지요. 육하원칙을 사용하면 복잡한 정보를 체계적으로 정리하고, 각 요소들이 어떻게 연결되는지 명확히 알 수 있답니다. 학교에서 배운 내용을 깊이 있게 이해하기 위해 이런 질문들을 활용해보세요.

"이 소설의 주인공은 누구이고, 어떤 일을 겪었는가?"

"독립운동가들은 언제, 어디서, 왜 독립운동을 시작했는가?"

"지구 온난화는 어디서, 어떻게 일어나고, 그 결과는 무엇인가?"

"제2차 세계대전은 언제, 어디서, 왜 시작되었고, 어떤 결과를 초래했지?"

"셰익스피어는 언제, 어디서, 왜 《햄릿》을 썼고, 그 작품의 주요 내용은?"

논리 질문이 보통 질문과 다른 점은, 일반적인 질문이 단순히 사실을 묻는 것이라면, 논리 질문은 그 사실 뒤에 숨겨진 원리와 원인을 파헤치는 질문이란 점이에요. 논리 질문을 던지고 답을 찾는 과정에서 우리는 더 나은 결정을 내리고, 전문성을 쌓아갈 수 있습니다. 챗GPT와 같은 훌륭한 도구를 활용하여 여러분도 논리적인 사고력을 기르고, 다양한 문제를 해결하는 능력을 갖춘 전문가로 성장할 수 있기를 바랍니다.

챗GPT 질문 꿀팁

답변이 가능한 다양한 관점을 요청하세요

여러 관점에서 주제를 설명해달라고 요청해보세요. 예를 들어, "이 주제에 대한 찬성과 반대 의견을 모두 설명해줘"라고 하면 균형 잡힌 답변을 얻을 수 있습니다. 그러면 복잡한 주제라도 훨씬 이해하기가 쉽고 비판적인 사고도 동시에 길러집니다. 챗GPT를 활용해 다양한 관점으로 주제를 깊이 있게 탐구해보세요.

청소년의 SNS 사용에 대한 찬성과 반대 의견을 설명해줘. 각각 500자 내로 답변해줘. 알아보기 쉽게 찬성 이유 5개, 반대 이유 5개로 정리 부탁해.

찬성 의견: 청소년의 SNS 사용

1. 사회적 연결과 의사소통
- SNS는 청소년들이 친구 및 가족과 소통할 수 있는 중요한 도구입니다. 다양한 활동을 공유하고, 멀리 떨어진 사람들과도 쉽게 연락을 유지할 수 있습니다. 이는 사회적 유대감을 강화하고, 의사소통 능력을 향상시키는 데 도움이 됩니다.

2. 정보 접근과 학습 기회

- SNS는 정보와 지식을 빠르게 습득할 수 있는 플랫폼입니다. 청소년들은 교육 자료, 뉴스, 학습 자료 등을 쉽게 접근할 수 있으며, 다양한 온라인 학습 커뮤니티에서 다른 사람들과 함께 공부할 수 있습니다. 이는 자기 주도 학습을 촉진합니다.

3. 자기 표현과 창의성 발휘

- SNS는 청소년들이 자신의 생각과 감정을 표현할 수 있는 공간을 제공합니다. 블로그 작성, 사진 공유, 동영상 제작 등 다양한 방식으로 창의성을 발휘할 수 있습니다. 이는 자아 존중감을 높이고, 자기 표현 능력을 향상시키는 데 기여합니다.

4. 글로벌 마인드 형성

- SNS를 통해 청소년들은 전 세계 사람들과 연결될 수 있습니다. 다양한 문화와 관습을 이해하고, 국제적인 친구를 사귈 수 있습니다. 이는 글로벌 마인드를 형성하고, 다문화 수용성을 높이는 데 도움이 됩니다.

5. 경험과 기회의 확대

- SNS는 청소년들에게 다양한 경험과 기회를 제공합니다. 취미 활동, 자원봉사, 온라인 모임 등을 통해 새로운 경험을 쌓고, 다양한 활동에 참여할 수 있습니다. 이는 성장 과정에서 중요한 경험을 쌓고, 자기 계발에 도움이 됩니다.

반대 의견: 청소년의 SNS 사용

1. 중독과 집중력 저하

- SNS는 청소년들에게 중독성이 강합니다. 지나치게 많은 시간을 SNS에 소비하게 되면 학업이나 다른 중요한 활동에 집중하는 능력이 저하될 수 있습니다. 이는 학업 성취도 감소와 관련이 있습니다.

2. 사이버 괴롭힘과 정신 건강 문제
- SNS는 사이버 괴롭힘의 위험이 있습니다. 청소년들은 온라인에서 괴롭힘이나 악성 댓글을 경험할 수 있으며, 이는 심리적인 스트레스와 불안감을 초래할 수 있습니다. 정신 건강에 부정적인 영향을 미칠 수 있습니다.

3. 개인 정보 유출
- SNS를 사용하는 동안 청소년들은 개인 정보를 보호하는 방법에 대해 충분히 인식하지 못할 수 있습니다. 이는 개인 정보 유출과 관련된 위험을 증가시키며, 악의적인 사용자에게 악용될 가능성이 있습니다.

4. 현실과의 단절
- SNS에 지나치게 몰입하면 현실 세계에서의 사회적 상호작용이 줄어들 수 있습니다. 이는 대면 의사소통 능력의 저하와 현실 세계에서의 사회적 유대감 약화를 초래할 수 있습니다.

5. 잘못된 정보와 영향
- SNS에는 잘못된 정보나 부정확한 정보가 많습니다. 청소년들은 이러한 정보를 접할 위험이 있으며, 비판적 사고 능력이 부족한 경우 이를 사실로 받아들일 수 있습니다. 이는 왜곡된 시각을 형성하는 데 영향을 줄 수 있습니다.

청소년의 SNS 사용에 대한 찬반 의견은 모두 중요한 시사점을 제공합니다. 긍정적인 측면을 최대한 활용하면서도, 부정적인 영향을 최소화하는 방향으로 접근하는 것이 중요합니다.

08

생각의 틀을 완성하는
정교화 질문의 비밀

다산 정약용에 대해 들어본 적 있나요? 정약용은 조선 후기의 실학자이자 개혁가로 다양한 분야에서 많은 업적을 남긴 인물입니다. 그는 당시 사회의 여러 문제에 대해 깊이 고민하고, 이를 해결하기 위해 노력했습니다. 그중에서도 교육 분야에서 중요한 기여를 했는데, 바로 〈천자문〉을 비판하고 새로운 교재를 제시한 일입니다.

〈천자문〉 비판

〈천자문〉은 당시 학생들이 한자를 배우기 위해 사용하는 기본 교재였어요. 〈천자문〉은 한자의 기본을 배우는 데 중요한 역할을 했지만 몇 가지 문제점이 있었지요.

첫째, 〈천자문〉에는 복잡하고 사용 빈도가 낮은 글자들이 많이 담겨 있었어요. 그래서 학습자들이 실생활에서 사용하기 매우 어려웠습니다. 둘째, 〈천자문〉은 글자의 배열이 논리적이지 않았어요. 글자 배열에 있어 의미적 일관성이 없었지요. 의미가 연결되지 않으니 학생들이 문맥 이해와 암기에 어려움이 많았답니다.

정약용은 이러한 문제를 발견하고, 〈천자문〉을 비판했어요. 그런데 여기서 멈추지 않았습니다. 정약용은 다양한 질문을 던지며 문제를 해결하기 위해 한걸음 더 나아갔어요.

정교화 질문을 통한 대안 제시

정약용이 던졌던 처음 질문은 단순했어요.
'왜 많은 사람들이 〈천자문〉 공부하기를 힘들어할까?'

그는 〈천자문〉의 문제를 해결하기 위해 정교화 질문을 던졌습니다. 정교화 질문은 질문에 또 다른 질문을 더하는 질문이에요. 질문이 꼬리에 꼬리를 무는 형태로 계속되는 거지요. 이러한 질문들을 통해 그는 더 구체적이고 실용적인 교재를 만들 수 있었어요.

기본 질문

'왜 많은 사람들이 〈천자문〉 공부하기를 힘들어할까?'

정교화 질문

'〈천자문〉의 문제점은 무엇이지?'
'학생들이 더 쉽게 배울 수 있는 방법은 무엇일까?'
'어떤 글자가 실생활에서 더 자주 사용될까?'
'글자의 배열을 더 논리적이고 일관성 있게 만들 수 없을까?'
'이것을 위한 최고의 분류 방법은 무엇일까?'

이러한 질문들을 통해 정약용은 〈아학편〉이라는 새로운 교재

를 만들었습니다. 정약용은 〈아학편〉을 만들 때 몇 가지 중요한 개선점을 반영했어요.

첫째는 실용성이에요. 〈아학편〉에는 일상생활에서 자주 사용하는 글자들을 중심으로 구성되어 있어 학생들이 실생활에서 바로 활용할 수 있었지요. 둘째는 논리적 배열입니다. 글자와 문장의 배열을 논리적이고 일관성 있게 배치하여 학생들이 문맥을 이해하기 쉽게 만들었답니다. 셋째는 단계적 학습이에요. 〈아학편〉은 학습자의 수준에 맞게 글자를 단계적으로 배우도록 설계되었습니다. 기초적인 글자부터 시작해서 점점 복잡한 글자로 나아가도록 구성했지요.

정약용의 사례에서 알 수 있듯이 정교화 질문이란 어떤 아이디어나 생각을 더 깊이 이해하고, 세부적으로 발전시키기 위해 던지는 질문이에요. 우리가 처음 어떤 생각이나 아이디어를 떠올렸을 때, 그 생각이 단순한 아이디어로만 남지 않도록 해야 해요. 그러기 위해서는 더 구체적으로 만드는 과정에서 정교화 질문이 필요합니다. 이 질문을 통해 아이디어는 실행 가능한 내용으로 발전하게 됩니다. 바로 그 과정에 챗GPT를 활용해보세요. 챗GPT의 도움을 받으면 여러분은 지금 당장이라도 최고 전문가들의 사고 과정을 엿볼 수 있답니다.

처음부터 정교화 질문을 직접 던지는 것은 어려운 일이에요. 챗GPT에게 정교화 질문을 요청하는 방식으로 질문을 던져보세요. 여러분에게 항상 골칫거리로 남아 있는 수학에 관한 질문을 던져볼까요?

수학은 항상 어려워. 어떻게 하면 수학 문제를 잘 이해하고 풀 수 있을지를 생각으로 풀어내는 과정을 정교화 질문을 사용하여 설명해줘.

수학에서의 정교화 질문

여러분, 수학 문제를 풀 때 "어떻게 하면 이 문제를 더 잘 이해할 수 있을까?"라는 생각을 해본 적 있나요? 이 생각을 정교화 질문을 통해 더 구체적으로 만들 수 있습니다. 예를 들어, 특정 수학 문제를 풀 때 어떤 질문들을 던질 수 있을지 함께 생각해봅시다.

기본 질문: "이 수학 문제를 어떻게 풀 수 있을까?"

기본 질문에서 시작하여, 문제를 더 잘 이해하고 풀기 위해 던질 수 있는 정교화 질문들을 생각해볼 수 있습니다.

<u>정교화 질문</u>

1. **"이 문제에서 어떤 개념을 사용해야 할까?"**
   - 예: 이 문제가 일차 방정식과 관련이 있는지, 아니면 이차 방정식과 관련이 있는지 생각해봅시다.

2. **"문제를 풀기 위해 어떤 공식을 사용해야 할까?"**

- 예: 필요한 공식이나 정리를 떠올려보세요. 예를 들어, 이차 방정식의 근의 공식 등.

3. **"이 문제의 조건은 무엇이고,
 그 조건을 어떻게 사용할 수 있을까?"**
- 예: 문제에서 주어진 조건들을 잘 이해하고 활용하는 방법을 생각해보세요.

4. **"이 문제를 단계별로 어떻게 풀어야 할까?"**
- 예: 문제를 풀기 위해 필요한 단계를 나누어 보세요.

5. **"이 문제를 풀 때 실수하기 쉬운 부분은 무엇일까?"**
- 예: 부호를 잘못 사용하는 실수를 주의합니다.

예시 문제와 정교화 질문 적용

예시 문제: "$3x + 5 = 14$를 풀어라."

1. 기본 질문: "이 문제를 어떻게 풀 수 있을까?"

2. 정교화 질문:
- "이 문제에서 어떤 개념을 사용해야 할까?"
  - 일차 방정식의 개념을 사용합니다.
- "문제를 풀기 위해 어떤 공식을 사용해야 할까?"

- x를 구하는 방법을 사용합니다.
- "이 문제의 조건은 무엇이고, 그 조건을 어떻게 사용할 수 있을까?"
    - 조건은 '$3x + 5 = 14$'입니다. 이를 이용해 x의 값을 구합니다.
- "이 문제를 단계별로 어떻게 풀어야 할까?"
    - 첫 단계: 양변에서 5를 뺍니다. $3x + 5 - 5 = 14 - 5$
    - 두 번째 단계: $3x = 9$
    - 세 번째 단계: 양변을 3으로 나눕니다. $x = 3$
- "이 문제를 풀 때 실수하기 쉬운 부분은 무엇일까?"
    - 양변에서 같은 수를 뺄 때 부호를 주의합니다.

결론

정교화 질문은 단순한 문제를 더 구체적이고 명확하게 이해하는 데 큰 도움이 됩니다. 기본 질문에서 출발하여 정교화 질문을 통해 문제를 단계별로 나누고, 필요한 개념과 공식을 명확히 하면 문제 해결이 더 쉬워질 것입니다.

정교화 질문을 어떻게 던져야 할지 모를 때는 이와 같은 방식으로 챗GPT에게 정교화 질문을 해보세요. 그리고 자신이 직접 질문을 만들고 던지는 방식으로 훈련해보세요.

정교화 질문은 언제 어디서든 유용합니다. 정교화 질문 던지는 습관을 기르면 단순한 궁금증에서 벗어나 보다 깊이 있는 이해와 통찰을 얻을 수 있게 된답니다. 이제, 챗GPT에게 질문을 던져보세요. 그리고 그 질문에 질문을 더하며 더 깊이 파고 들어가 보세요. 바로 그곳에서 보물같이 숨겨진 생각과 새로운 해결책을 만나게 될 겁니다.

챗GPT 질문 꿀팁

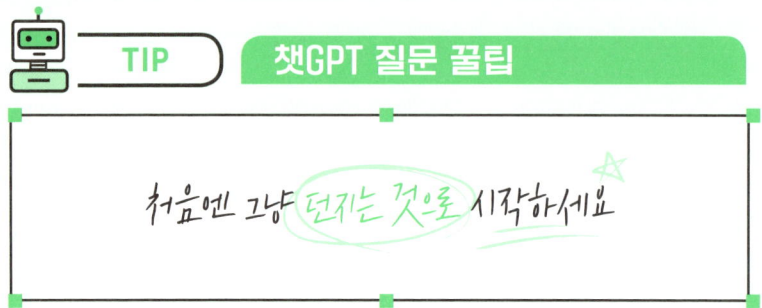

좋은 질문을 던지는 것도 중요하지만 처음엔 그냥 던지는 것으로 시작하세요. 어떤 질문이라도 좋아요. 일단 무엇이든 질문해보세요.

"청소년이 반드시 읽어야 할 자기계발 책 추천해줘."
"방학에 중학교 수학을 마스터하려고 해. 한 달 정복 수학시간표를 만들어줘."
"운동 계획을 세워줘."
"외국어 공부 방법을 알려줘."
"기록하고 관리하는 방법을 알려줘."
"친구 사귀는 방법을 알려줘."
"자기소개서를 작성하는 방법을 알려줘."

정교화 질문도 먼저 던져진 이러한 단순한 질문이 있어야 가능하답니다. 질문을 잘하고 싶다면, 일단 어떤 질문이라도 던지세요. 그리고 챗GPT에게 다음에 던져야 할 정교화 질문에 대해 물어보세요. 이런 질문과 답변을 살펴보는 과정에서 어떤 질문이 좋은 질문인지, 어떤 질문을 던져야 할지에 대한 여러분의 생각도 정리되어갈 겁니다.

09

평가 질문으로 사고의 깊이 더하기

　우리는 매일 수많은 정보와 의견을 접하며 살고 있습니다. 학교에서 배우는 내용, 친구들과 나누는 대화, 인터넷에서 접하는 뉴스 등 그 양은 무궁무진합니다. 이 많은 정보 속에서 올바른 판단을 내리기 위해서 중요한 건 비판적인 사고입니다. 어떤 주제에 대해 깊이 있는 평가를 내리려면 어떻게 해야 할까요? 단순히 '좋다' 또는 '나쁘다' 라는 판단을 넘어, 왜 그렇게 생각하는지, 그 이유와 근거를 논리적으로 제시하는 능력이 중요합니다. 이번 장에서는 이러한 능력을 키우기 위해 챗GPT를 활용해 평가 질문 던지기를 하는 방법을 연습해보겠습니다.

챗GPT에 평가 질문 던지기

평가 질문은 단순한 사실 확인 질문과는 다르답니다. 우리가 정보를 어떻게 해석하고, 어떤 결론을 내릴지 고민하게 만들지요. 그런데 평가 질문을 스스로 던지고 생각하며 결론 내린다는 것은 결코 쉬운 일이 아닙니다. 아주 고차원적인 능력이라 할 수 있지요. 하지만 이러한 평가 질문도 챗GPT를 활용하면 전혀 어렵지 않답니다.

그런데, 챗GPT를 통해 평가 질문을 던지고 답을 얻기 전에 확인할 것이 있어요. 챗GPT를 활용하여 평가 질문을 던지고 얻은 답변을 통해 우리는 구체적으로 어떤 도움을 받을 수 있는 걸까요?

첫째, 판단이 필요한 주제에 대해 다른 이들의 평가를 참고할 수 있다는 겁니다. 평가에 객관성을 높일 수 있는 기회를 얻는 거지요. 둘째, 주제에 따라서 매우 수준 높은 평가를 텍스트로 제공받을 수 있어요. 많은 사람들이 우려하는 것 가운데 하나가 챗GPT의 할루시네이션(Hallucination)이에요. 할루시네이션은 챗GPT와 같은 인공지능 모델이 실제로 존재하지 않는 정보나 사실을 답변으로 생성해주는 현상을 말해요. 이는 인공지능이 학습한 데이터에 기반해 가장 그럴듯한 답변을 생성하려다 보니 발생하는 문제랍니다. 그러나 이 책에서 알려주는 방식을 활용하여 질문만 잘 던지면 오류 답변을 피해 가며 매우 수준 높은 답변·평가를 텍스트로 제공받을 수 있습니다.

구성 요소적으로 답변을 요구하세요!

평가 질문을 할 때 기억해야 할 한 가지는 구성 요소적으로 질문하는 거예요. 모든 질문에 적용 가능한 지침이랍니다. 구성 요소적으로 질문하라는 게 무슨 뜻일까요? 질문할 때 답변이 여러 부분으로 나뉘어 구체적으로 주어지도록 세부적으로 질문하는 것을 의미해요. 답변 자체를 구성 요소적으로 요구하면 답변을 더욱 명확하고 체계적으로 생성해줍니다. 평범하게 질문하면 상식적인 답변을 얻는 수준에 머물지만 평가 질문을 하면 답변의 질이 높아지는 거지요.

예를 들면 "이 영화의 장단점을 설명해줘"라고 질문하기보다 "이 영화의 스토리, 연기, 연출, 음악 각 요소의 장단점을 평가해줘"와 같이 구성 요소별로 나누어 질문을 던지면 챗GPT는 더 체계적으로 답변을 해줍니다.

그럼 K-pop에 대해 챗GPT에게 질문을 던져보겠습니다. 먼저 아래와 같은 질문을 던져보았습니다.

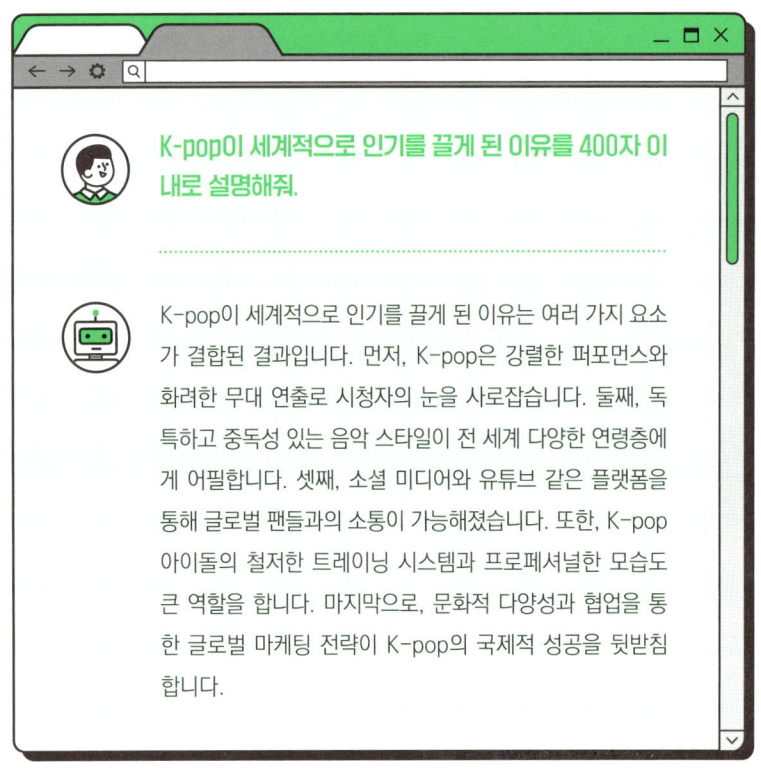

구성 요소적 질문은 여기에서 한 단계 더 나가야 합니다. 답변으로 주어진 내용에서 자료를 얻어 정교화 질문을 구성 요소적으로 던져볼까요? 분량은 400자 이내로 정해 동일한 조건에서 답변을 요청해볼게요.

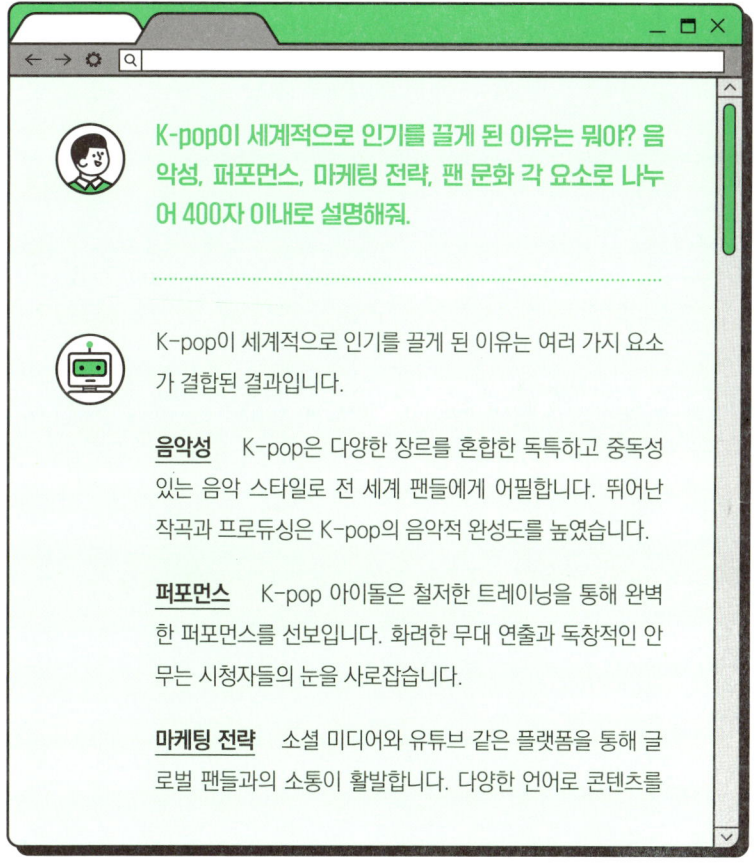

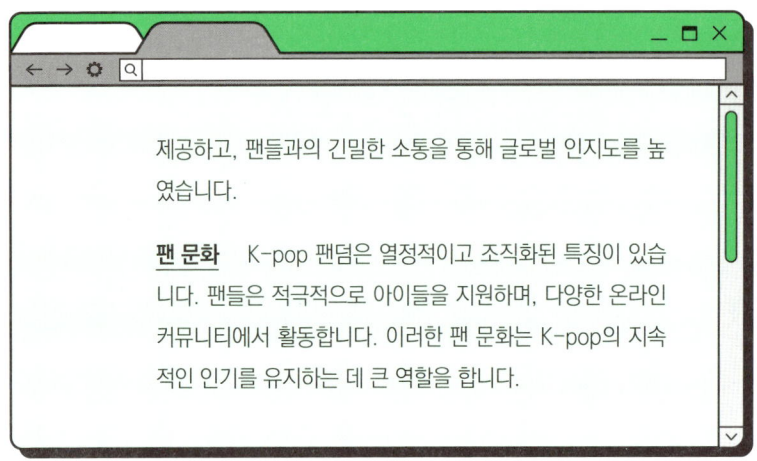

 어떤가요? 짧지만 더욱더 구체적이고 명료한 답변이 주어졌지요? 아주 작은 질문의 차이가 곧 답변의 수준을 결정짓는 중요한 요소랍니다. 동일한 질문을 던지며 2,000자 이상의 답변을 요구하면 어떨까요? 음악 전문기자가 분석한 결과 수준의 답변을 얻게 될 겁니다. 놀랍지 않나요? 여러분의 짧은 질문을 통해 이런 좋은 정보를 즉시 얻을 수 있다는 사실 말이에요.

평가 질문 만들기 연습

평가 질문은 여러분의 관심사에 따라 어떤 영역에서도 해볼 수 있습니다. 모든 분야에 걸쳐 평가 질문을 던져보세요. 학과목에 관한 질문도 가능합니다. 어른들이 관심 있어 하는 정치나 경제 평가도, 여러분이 관심 있어 하는 영화, 음악, 책에 대한 평가도 얼마든지 가능해요. 여러분이 커서 다니게 될 직장과 관련하여 관심 있는 분야의 기업 평가도 가능하고, 유명인 및 지도자 평가, 옷과 스마트폰 기능과 디자인 등의 제품 평가도 가능해요. 다음 질문 예시들을 보며 여러분이 던지고 싶은 평가 질문을 떠올려보세요.

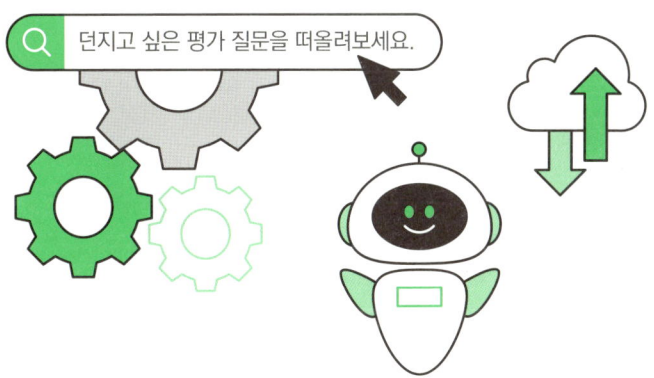

수학 문제 풀이 평가

"이 수학 문제의 해결 과정을 설명해줘. 문제 이해, 해결 전략, 풀이 과정, 검증 방법을 나누어 설명해줘."

문학 작품 평가

"이 소설이 명작으로 평가받는 이유를 설명해줘. 줄거리, 문체, 주제, 인물 구성을 나누어 평가해줘."

영화 평가

"이 영화가 뛰어나다고 평가받는 이유를 설명해줘. 스토리, 연출, 연기, 음악 등을 나누어 평가해줘."

미술 평가

"이 그림이 걸작으로 평가받는 이유를 설명해줘. 구도, 색채, 주제, 기술 등을 나누어 설명해줘."

제품 평가

"이 제품의 장단점을 설명해줘. 디자인, 기능, 가격, 사용자 리뷰 등을 나누어 평가해줘."

인물 평가

"이 인물이 존경받는 이유를 설명해줘. 업적, 인격, 사회적 영향, 대중과의 소통 등을 나누어 설명해줘."

과학적 발견 평가

"이 과학적 발견이 중요한 이유를 설명해줘. 발견의 내용, 사회적 영향, 미래 가능성, 연구 방법 등을 나누어 설명해줘."

기술 평가

"이 스마트폰의 기술이 혁신적이라고 평가받는 이유를 설명해줘. 기술적 원리, 활용 가능성, 사용자들의 피드백 등을 나누어 설명해줘."

음식 평가

"이 음식이 인기를 끄는 이유를 설명해줘. 맛, 재료, 조리법, 가격 등을 나누어 평가해줘."

이렇게 평가 질문을 던지는 훈련을 통해 여러분은 보다 논리적이고 체계적인 사고를 기를 수 있을 거예요. 챗GPT와 함께라면 어떤 주제에 대해서도 깊이 있는 평가를 내릴 수 있는 능력을 키울 수 있을 겁니다.

 **TIP** 챗GPT 질문 꿀팁

자료 기반 답변을 요청하세요

챗GPT에게 답변을 요청할 때 단순한 의견이 아닌, 신뢰할 수 있는 데이터와 증거를 바탕으로 한 답변을 제공해달라고 요구해보세요. 이를 통해 더욱 정확하고 근거 있는 정보를 얻을 수 있습니다.

예를 들어, "기후 변화의 주요 원인은 무엇이지?"라는 질문을 하고 싶다면, 여기에 "과학적 연구와 데이터를 근거로 답변을 제공해줘"라는 문구만 포함해도 보다 정확하고 신뢰할 수 있는 정보를 얻을 수 있게 됩니다.

 기후 변화의 주요 원인은 무엇이지? 700자 이내로 답해주고, 전문가 1인의 인터뷰 내용을 추가하며 최신 연구자료에 근거하여 서술형으로 답변해줘.

 기후 변화의 주요 원인은 여러 가지 요인으로 복합적으로 작용하지만, 가장 큰 원인은 인간 활동에 의한 온실가스 배출입니다. 이산화탄소(CO_2), 메탄(CH_4), 아산화질소(NO_2) 등의 온실가스는 대기 중에 축적되어 지구의 온도를 상승시키는 '온실 효과'를 강화합니다. 특히, 화석 연료의 사용, 농업, 벌목, 산업 활동 등이 주요 온실가스 배출원입니다.

화석 연료의 사용

산업혁명 이후 인간은 석탄, 석유, 천연가스와 같은 화석 연료를 대규모로 사용해왔습니다. 이러한 연료의 연소 과정에서 막대한 양의 이산화탄소가 대기 중으로 배출됩니다. 전력 생산, 교통, 제조업 등 다양한 분야에서 화석 연료에 의존하고 있으며, 이는 기후 변화의 주요 원인 중 하나로 꼽힙니다.

농업과 벌목

농업 활동은 메탄과 아산화질소를 배출하는 주요 원인입니다. 예를 들어, 벼 농사는 메탄을, 비료 사용은 아산화질소를 발생시킵니다. 또한, 삼림 벌채는 탄소 흡수원을 감소시키고, 벌목된 나무가 썩으면서 이산화탄소를 방출합니다. 열대 우림 파괴는 특히 심각한 문제로, 이는 탄소 흡수 능력을 크게 저하시킵니다.

산업 활동

제조업, 건설업, 화학 산업 등 다양한 산업 활동은 온실가스를 배출합니다. 특히, 시멘트 제조 과정에서 많은 이산화탄소가 발생합니다. 또한, 산업 공정에서 발생하는 여러 화학물질들도 온실가스로 작용합니다.

전문가 인터뷰

기후 변화에 관한 전문가인 마이클 만(Michael E. Mann) 박사는 최근 인터뷰에서 다음과 같이 말했습니다: "인간 활동에 의한 온실가스 배출은 기후 변화의 가장 큰 원인입니다. 우리는 화석 연료에 대한 의존을 줄이고, 재생 가능한 에너지원으로 전환해야 합니다. 그렇지 않으면 기후 변화의 영향을 더 심각하게 겪을 것입니다." (출처: Climate Reality Project)

최신 연구자료:

2023년 IPCC(Intergovernmental Panel on Climate Change) 보고서에 따르면, 산업 활동으로 인한 온실가스 배출이 지구 온난화의 주된 원인으로 확인되었습니다. 보고서는 "인간의 활동이 지구 기후 시스템에 명백한 영향을 미치고 있으며, 이는 온실가스 농도의 증가로 나타나고 있다"고 강조합니다. 또한, 2021년 메타분석 연구에서는 전 세계 온실가스 배출의 75% 이상이 에너지 부문에서 발생하며, 이는 주로 전력 생산과 교통에서 비롯된다는 사실이 밝혀졌습니다. (출처: IPCC Sixth Assessment Report)

결론적으로, 기후 변화의 주요 원인은 인간 활동에 의한 온실가스 배출이며, 이는 화석 연료의 사용, 농업과 벌목, 산업 활동 등에서 비롯됩니다. 기후 변화를 완화하기 위해서는 재생 가능한 에너지로의 전환, 지속 가능한 농업 및 산림 관리, 그리고 산업 공정의 개선이 필수적입니다.

10

추론 질문으로
논리를 넘나들다

   우리는 매일 일상에서 많은 문제를 접합니다. 학교에서의 과제뿐 아니라 친구와의 관계, 미래에 대한 고민 등 여러 문제들을 만나지요. 다양한 문제를 해결하려면 단순한 암기력만으로는 부족합니다. 학교 시험은 정답이 있지만 일상에서 벌어지는 문제들은 하나의 정답이 존재하지 않지요. 이때 필요한 것이 바로 사고력이에요. 사고력은 문제를 분석하고, 논리적으로 생각하며, 창의적인 해결책을 찾아내는 능력이랍니다.

   인공지능 시대에는 정보의 양이 기하급수적으로 증가하고 있어요. 이러한 정보의 홍수 속에서 중요한 정보를 선별하고, 그 정보를 바탕으로 새로운 지식을 창출하는 능력은 매우 중요합니다.

학교 공부 방식에도 변화가 생기고 있어요. 비판적으로 사고하고 창의적으로 문제를 해결하는 능력이야말로 학교 공부에서는 물론이요 빠르게 변화하는 이 시대 가운데서 우리가 미래를 준비하는 데 필요한 핵심 역량입니다. 그중에서도 우리가 준비해야 하는 능력이 있어요. 바로 추론 능력입니다.

추론이란 무엇인가?

추론은 주어진 정보를 바탕으로 결론을 찾아내는 과정입니다. 여러 정보를 종합하여 새로운 지식을 만들어내는 능력이지요. 탐정 소설을 보면 주인공인 탐정은 단서를 모아 범인을 추리해나갑니다. '왜 이 사건이 일어났을까?' 또는 '범인은 왜 범행 도구를 숨기지 않았을까?', '어떻게 이 문제를 해결할 수 있을까?' 같은 질문을 던짐으로써 문제의 본질을 이해하고, 다양한 해결책을 모색하죠.

문학 수업에서도 추론 질문은 중요합니다. 단순히 이야기를 읽는 것에 그치지 않고 이야기의 배경과 인물의 동기를 추론하

면서 읽으면 더 재미있답니다.

'왜 주인공은 그런 선택을 했을까?'

'내가 주인공이라면 어떻게 행동했을까?'

이와 같은 질문을 던져보세요. 이야기의 깊은 의미를 이해하게 되고, 문학적 상상력과 사고력을 키울 수 있습니다.

추론은 일상생활에서도 매우 유용하게 사용되는 능력이랍니다. 예를 들어, '왜 내 동생은 항상 화난 말투로 나를 대하는 걸까?'라는 질문을 던지면 우리는 동생의 최근 행동과 말을 분석하여 그 원인을 추측해볼 수 있습니다. 물론 쉽게 문제가 해결되는 것은 아닙니다. 그러나 이런 질문을 던지고 생각하는 사람들에게는 문제를 해결할 수 있는 기회가 더 많이 찾아오는 법이지요.

시험을 앞두고 있는 상황에서도 추론 질문은 큰 도움이 됩니다.

'어떻게 하면 이 시험에서 좋은 점수를 받을 수 있을까?'

'수학 공부를 오래 했는데 왜 항상 결과는 좋지 않을까?'

이러한 질문들을 던져보세요. '이런 질문 던진다고 뭐가 달라지겠냐?'라고 생각하는 사람들도 있겠지만, 그렇지 않아요. 항상 변화의 시작 지점에는 이러한 질문들이 있답니다. 더구나 우리에게는 챗GPT라는 훌륭한 질문 도구가 있잖아요. 챗GPT만 잘 활용하면 여러분이 학교 공부를 하는 과정에서 추론 능력을 훈련하며 성장해갈 수 있고 탐구의 즐거움도 경험하게 될 겁니다.

챗GPT와 함께하는 추론 훈련

챗GPT에게 던지는 추론 질문은 어렵지 않아요. 챗GPT에게 '왜'와 '어떻게'를 넣어 질문을 던지면 됩니다. 이 간단한 요청만으로도 우리는 깊이 있는 통찰을 얻을 수 있습니다. 학교 공부와 관련한 질문도 가능해요. 다음 질문들을 보며 여러분이 어떤 질문을 던질 수 있는지 떠올려보세요.

문학

"이 소설의 주인공은 왜 그러한 결정을 내렸을까?

"이 이야기는 왜 이렇게 결말이 났을까?

"주인공의 가정 환경이 바뀌었다면 이야기가 어떻게 달라졌을까?"

수학

"이 문제를 어떻게 하면 다른 방법으로 풀 수 있을까?

"이 수학 개념을 어떻게 하면 더 쉽게 이해할 수 있을까? 이 개념을 실생활에 어떻게 적용할 수 있을까?"

과학

"지구온난화는 왜 생겨났을까?

"어떻게 이를 해결할 수 있을까?"

역사

"왜 이 전쟁이 일어났을까?

"이 혁명이 성공한 이유는 무엇일까?

사회

"왜 사회적 불평등이 발생할까?

"왜 어떤 문화가 특정 지역에서 발전했을까?

위 질문들을 응용해 수학 문제 풀이에 대한 질문을 해보겠습니다.

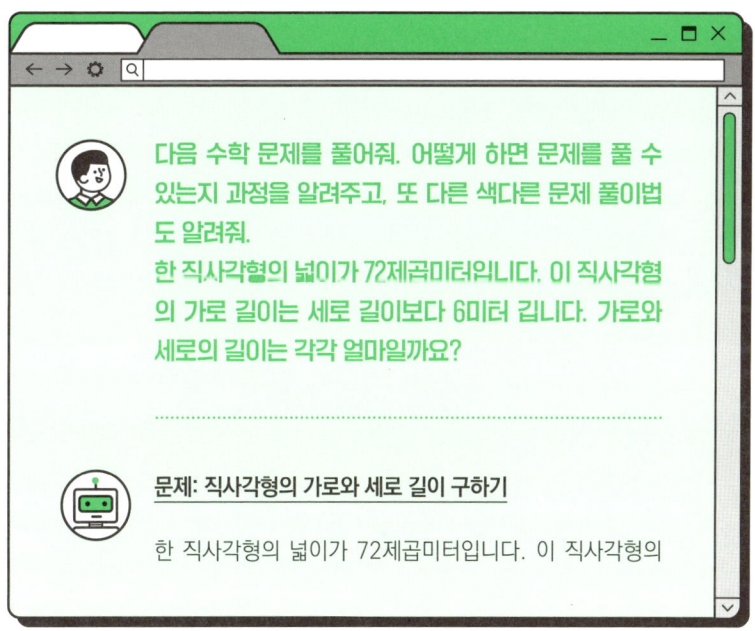

가로 길이는 세로 길이보다 6미터 깁니다. 가로와 세로의 길이는 각각 얼마일까요?

일반적인 풀이 과정

1. **문제를 이해하기**: 직사각형의 넓이가 72제곱미터이고, 가로 길이는 세로 길이보다 6미터 깁니다. 가로와 세로의 길이를 구해야 합니다.

2. **변수 설정하기**: 세로의 길이를 x로 둡니다. 그러면 가로의 길이는 $x+6$입니다.

3. **방정식 세우기**: 직사각형의 넓이는 가로 길이와 세로 길이의 곱이므로, 방정식을 세웁니다.

$$x(x+6) = 72$$

4. **방정식 풀기**: 방정식을 풀어 x의 값을 구합니다.

$$x^2 + 6x - 72 = 0$$

이 방정식을 풀기 위해 인수분해를 시도합니다.

$$(x+12)(x-6) = 0$$

따라서 x의 값은 −12 또는 6입니다. 길이는 음수가 될 수 없으므로, $x=6$입니다.

5. 답: 세로의 길이는 6미터, 가로의 길이는 6+6=12미터입니다.

색다르면서 도움이 되는 풀이 과정

이제, 창의적인 방법으로 같은 문제를 풀어봅시다. 이 방법은 문제를 시각적으로 접근하는 방법입니다.

1. **문제를 이해하기:** 직사각형의 넓이가 72제곱미터이고, 가로 길이는 세로 길이보다 6미터 깁니다. 가로와 세로의 길이를 구해야 합니다.

2. **비주얼 접근:** 문제를 시각적으로 접근해봅시다.
   - 세로의 길이를 x로 둡니다.
   - 가로의 길이는 $x+6$입니다.
   - 직사각형의 넓이를 직사각형의 모양으로 그림으로 표현합니다.

```makefile
가로: x+6
세로: x
넓이: 72
```

3. **부분으로 나누기**: 넓이를 부분으로 나눕니다. 직사각형을 두 개의 직사각형으로 나눕니다.
- 첫 번째 직사각형의 가로 길이는 x, 세로 길이는 x입니다.
- 두 번째 직사각형의 가로 길이는 6, 세로 길이는 x입니다.

```makefile
[ 첫 번째 직사각형 ]
가로: x
세로: x
넓이: x²
[ 두 번째 직사각형 ]
가로: 6
세로: x
넓이: 6x
```

4. **부분 넓이 합산**: 전체 넓이는 두 부분의 넓이 합과 같습니다.

$$x^2 + 6x = 72$$

이 방정식을 통해 x의 값을 구합니다.

5. **그래프 활용**: 함수 $y = x^2 + 6x$와 $y = 72$를 그래프로 그려 교차점을 찾습니다.
- $y = x^2 + 6x$는 이차 함수입니다.
- $y = 72$는 수평선입니다.
- 이 두 그래프가 교차하는 지점에서 x값을 찾습니다.

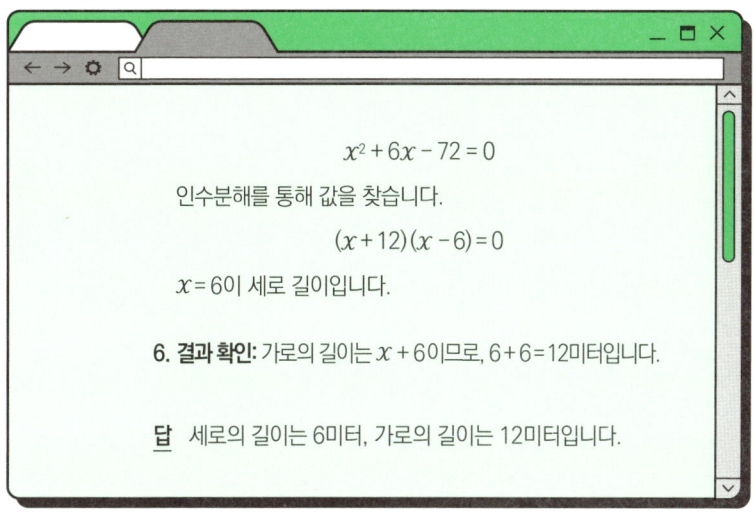

학교 공부뿐만이 아니에요. 여러분이 재미있게 봤을 영화에 대한 질문 하나 던져볼까요?

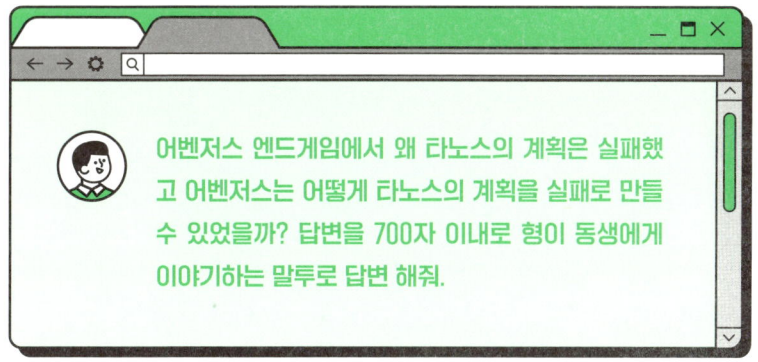

타노스의 계획은 결국 실패했어. 왜냐하면 어벤저스가 모든 걸 걸고 과거로 돌아가 인피니티 스톤들을 모아서 다시 되돌렸기 때문이야. 그 과정이 정말 힘들었고, 몇몇은 희생도 했지만, 그들이 팀으로서 협력했기 때문에 가능했어. 이제 좀 더 구체적으로 설명해줄게.

타노스는 인피니티 스톤을 사용해서 우주의 절반을 없앴지. 그걸로 그는 모든 생명체의 균형을 맞추고자 했어. 하지만 어벤저스는 이 계획이 옳지 않다고 생각했고, 사라진 사람들을 다시 되돌리기 위해 싸우기로 결심했어. 그래서 그들은 타노스가 인피니티 스톤을 파괴한 후에도, 과거로 돌아가 스톤들을 모아 현재로 가져오는 타임 하이스트라는 계획을 세웠어.

이 계획은 엄청나게 복잡하고 위험했어. 먼저, 각 팀원들은 자신이 가야 할 시간대와 장소를 정확히 알아야 했어. 그리고 그곳에서 스톤을 찾아내고, 다른 타임라인의 자신과 충돌하지 않도록 조심해야 했지. 예를 들어, 캡틴 아메리카는 과거의 자신과 싸워야 했고, 토니 스타크와 앤트맨은 2012년의 뉴욕으로 돌아가서 스페이스 스톤을 훔쳐야 했어.

가장 큰 희생은 블랙 위도우가 소울 스톤을 얻기 위해 자기 목숨을 바친 거야. 그녀는 호크아이와 함께 소울 스톤이 있는 보르미르로 갔는데, 그곳에서 스톤을 얻으려면 사랑하는 사람을 희생해야 했어. 블랙 위도우는 호크아이 대신 자신이 희생되기로 결심했지.

이렇게 모두가 협력해서 스톤들을 모은 후, 어벤저스는 현재

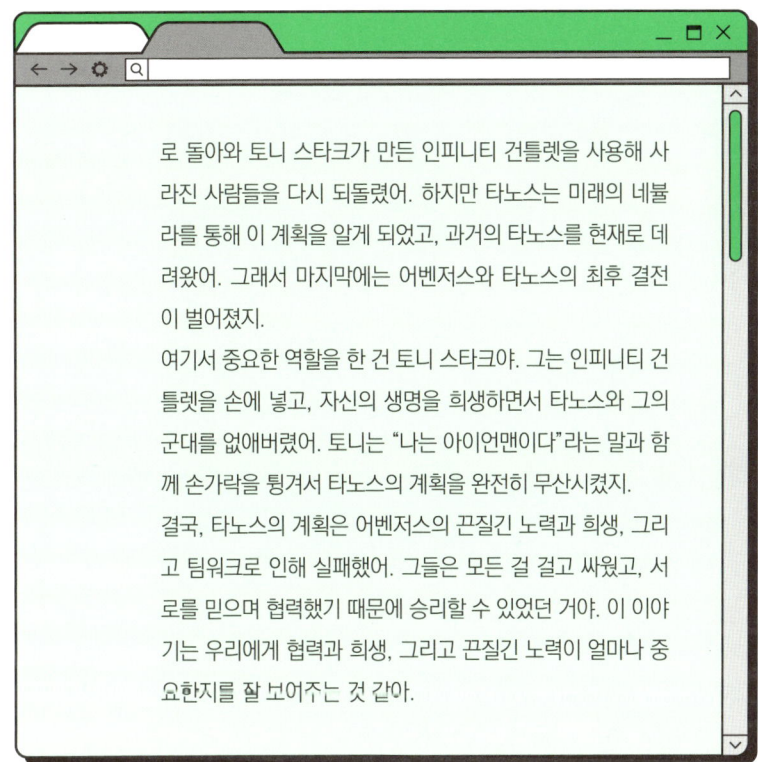

어때요? 질문 하나로 영화에 대해 더 깊이 이해할 수 있는 해설을 얻을 수 있지요?

더 나은 미래를 위한 추론 질문

미래 사회에는 더 많은 지식과 능력을 요구할 거예요. 그때 추론 질문은 우리를 더 깊이 사고하게 하고, 문제의 본질을 이해하며, 창의적인 해결책을 찾는 데 큰 도움이 될 겁니다.

챗GPT를 활용해 추론 질문을 던져보며 상상의 나래를 펼치고, 새로운 지식의 세계를 탐험해보세요. 미래는 깊이 사고하는 사람들의 것입니다! 챗GPT를 통해 다재다능한 존재로 성장하는 것은 여러분의 손에 달려 있다는 사실을 기억하세요.

TIP 챗GPT 질문 꿀팁

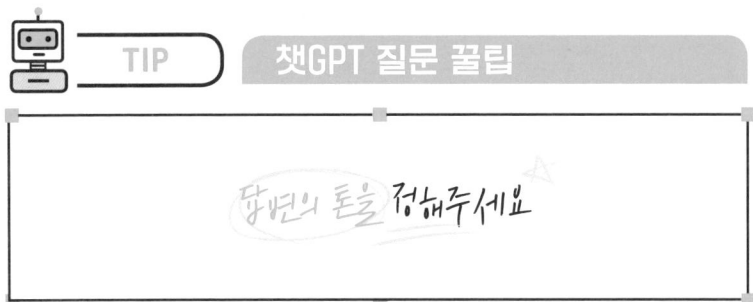

답변의 톤과 어조를 지정해보세요. 예를 들어, "친절하고 따뜻한 톤으로 설명해줘" 또는 "전문적이고 공식적인 톤으로 설명해줘"라고 요청해보는 거예요. 이렇게 하면 원하는 분위기와 스타일로 답변을 받을 수 있어요.

예시:

친절하고 따뜻한 톤으로 설명해줘

"오늘 공부하기 싫다면, 잠깐 쉬어가도 괜찮아요. 조금씩 꾸준히 하면 어느새 목표에 도달할 수 있을 거예요. 파이팅!"

전문적이고 공식적인 톤으로 설명해줘

"학습 동기가 저하되는 경우, 잠시 휴식을 취하는 것이 바람직합니다. 지속적인 노력이 성공의 열쇠임을 명심하시기 바랍니다."

재미있고 유머러스한 톤으로 설명해줘

"오늘 공부하기 싫다고? 그래, 그럴 때도 있는 법이지! 하지만 잠깐만 참고 열심히 하면, 나중에 더 많이 쉴 수 있을 거야!"

간단하고 직설적인 톤으로 설명해줘

"공부하기 싫어도 해야 해. 조금만 더 집중하자."

격려하는 톤으로 설명해줘

"힘들어도 잘하고 있어요! 조금만 더 힘내면 분명히 좋은 결과가 있을 거예요. 응원합니다!"

이처럼 나의 질문에 필요에 따라 원하는 톤과 어조로 답변해달라고 요청하세요. 챗GPT는 여러분의 상황과 기분에 맞춘 답변을 제공할 수 있어요.

PART

3

창의의 샘, 질문으로 키우다

11

다재다능해지는 법, 폴리매스 질문의 힘

　미래 사회에서는 어떤 능력이 가장 중요할까요? 인공지능 시대에는 알아내는 힘 못지않게 아는 힘이 중요하다는 것을 이미 앞에서 얘기했어요. 챗GPT와 같은 도구를 잘 활용하면 다재다능한 존재, 즉 폴리매스(Polymath)가 되는 데 큰 도움이 될 것입니다. 폴리매스로 살아가는 일은 특별한 사람들만의 전유물이 아니에요. 우리 모두가 누릴 수 있는 기회이지요. 이번 장에서는 폴리매스 질문을 통해 경계를 허물고, 다재다능해지는 방법을 이야기해볼게요.

폴리매스란 무엇인가?

폴리매스는 다양한 분야에 걸쳐 깊이 있는 지식을 가지고 있는 사람을 의미합니다. 역사적으로 유명한 폴리매스 중에는 레오나르도 다 빈치와 같은 인물이 있지요. 그는 예술가, 과학자, 발명가로서 다방면에서 놀라운 성취를 이루었습니다. 어느 시대나 마찬가지지만 현대 사회에서는 이전보다 더, 다양한 분야에 대해 폭넓은 지식과 능력을 갖춘 사람들이 유리한 위치에 설 수 있는 시대가 되었답니다.

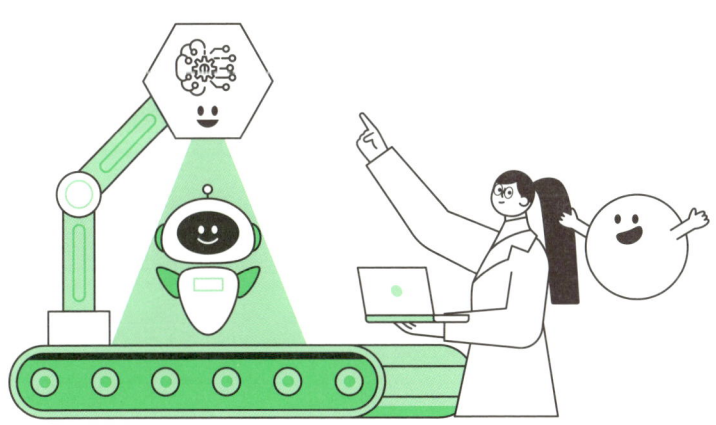

역사에서 대표적인 폴리매스 인물은 누가 있을까? 그들은 어떤 분야를 융합해 폴리매스가 되어 사람들에게 영향력을 끼쳤는지 각각 300자 이내로 설명해줘.

대표적인 폴리매스로서의 역사 인물들

레오나르도 다 빈치(Leonardo da Vinci)

레오나르도 다 빈치는 예술과 과학, 기술을 융합한 대표적인 폴리매스입니다. 그는 '모나리자'와 '최후의 만찬'과 같은 걸작을 남긴 예술가일 뿐만 아니라, 해부학, 천문학, 공학 등 다양한 분야에서 혁신적인 발견을 했습니다. 그의 해부학 연구는 인체에 대한 이해를 크게 발전시켰고, 비행기와 전차 같은 발명품 설계는 오늘날의 과학기술 발전에 큰 영향을 미쳤습니다. 레오나르도의 다재다능함은 예술과 과학의 경계를 허물고, 현대의 통합적 사고와 혁신적 발명에 귀중한 유산을 남겼습니다.

정약용(Jeong Yak-yong)

정약용은 조선 후기의 학자이자 실학자로, 다양한 분야에서 큰 업적을 남긴 폴리매스입니다. 그는 정치, 경제, 사회, 과학 등 다방면에서 활동하며 많은 저술을 남겼습니다. 특히, 그의 대표적인 저서인 《목민심서》와 《경세유표》는 당시 조선 사회의 개혁과 발전에 큰 영향을 미쳤습니다. 또한, 정약용은 수원화성 건축에 필요한 거중기를 설계하여 과학기술 발전에도 기여했습니다. 그의 다재다능함은 조선의 실학사상을 발전시키고, 현대 한국의 학문적 기초를 마련하는 데 중요한 역할을 했습니다.

마리 퀴리(Marie Curie)

마리 퀴리는 물리학과 화학에서 혁신적인 연구를 수행한 폴리매스입니다. 그녀는 방사능 연구를 통해 노벨 물리학상과 화학상을 수상한 최초의 인물로, 방사성 원소인 폴로늄과 라듐을 발견했습니다. 퀴리의 연구는 암 치료와 같은 의료 분야에 지대한 영향을 미쳤으며, 방사능의 위험성과 잠재적 활용 가능성을 이해하는 데 기여했습니다. 그녀의 과학적 발견은 물리학과 화학을 넘어, 의학과 산업 전반에 걸쳐 큰 영향을 끼쳤습니다. 마리 퀴리는 과학의 여러 분야를 융합하여 현대 과학기술 발전에 중대한 공헌을 한 인물입니다.

이러한 역사적 폴리매스들은 다양한 분야의 지식을 융합하여 혁신적인 결과를 만들어냈고, 오늘날에도 그들의 업적은 우리에게 큰 영향을 미치고 있습니다. 여러분도 다양한 분야에 걸친 지식을 쌓고 융합함으로써, 다재다능한 미래를 준비할 수 있습니다.

폴리매스 질문법으로 경계 허물기

폴리매스가 되기 위해 중요한 점은 다양한 분야의 지식을 서로 연결하고 융합하는 시도를 해보는 거예요. 십진분류 질문이 특정 분야의 지식을 넓히는 데 도움을 준다면, 폴리매스 질문은 서로 다른 분야의 지식을 연결시키고, 새로운 통찰을 얻는 데 도움을 줍니다.

일반 상식적인 내용을 정리할 때도 챗GPT를 활용한 폴리매스 질문을 던져보세요. 서로 다른 분야들의 관계, 서로의 영향력에 대한 정리된 지식을 쌓아갈 수 있답니다.

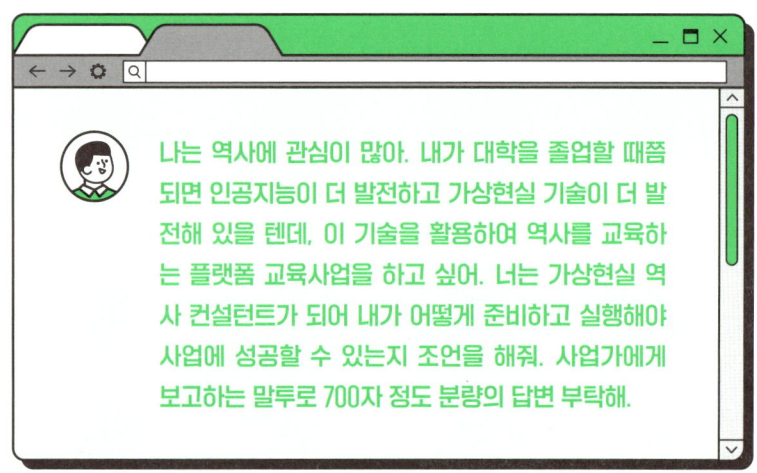

나는 역사에 관심이 많아. 내가 대학을 졸업할 때쯤 되면 인공지능이 더 발전하고 가상현실 기술이 더 발전해 있을 텐데, 이 기술을 활용하여 역사를 교육하는 플랫폼 교육사업을 하고 싶어. 너는 가상현실 역사 컨설턴트가 되어 내가 어떻게 준비하고 실행해야 사업에 성공할 수 있는지 조언을 해줘. 사업가에게 보고하는 말투로 700자 정도 분량의 답변 부탁해.

가상현실 역사 교육 플랫폼 사업 준비 및 실행 전략

존경하는 사업가님,

가상현실(VR) 기술을 활용한 역사 교육 플랫폼 사업을 계획하고 계신 데 대해 진심으로 경의를 표합니다. 역사에 대한 깊은 관심과 혁신적인 기술을 결합하여 새로운 교육 경험을 제공하고자 하는 비전은 매우 탁월하며, 성공 가능성이 높다고 판단됩니다. 아래에 그 준비와 실행을 위한 전략적 조언을 드리고자 합니다.

1. 시장 조사 및 타겟 설정

먼저, VR 역사 교육 시장에 대한 철저한 조사를 실시하십시오. 현재 시장에 어떤 경쟁자가 있는지, 그들이 제공하는 서비스와 차별화 요소는 무엇인지 분석하는 것이 중요합니다. 이를 통해 귀하의 플랫폼이 제공힐 독칭직이고 사별화뙨 가치 제안을 명확히 할 수 있습니다. 또한, 초등학생부터 대학생, 그리고 성인 학습자까지 다양한 타겟 그룹을 설정하고, 각 그룹의 니즈에 맞춘 콘텐츠를 기획해야 합니다.

2. 콘텐츠 개발 및 협력

역사 교육 콘텐츠는 플랫폼의 핵심입니다. 우수한 콘텐츠 개발을 위해 역사학자, 교육 전문가, 그리고 VR 개발자와의 협력이 필수적입니다. 역사적 사건과 시대를 사실적으로 재현하고, 몰입감을 높이기 위해 고품질의 그래픽과 사용자 인터

랙션을 설계하십시오. 또한, 유사한 비전을 가진 대학, 박물관, 역사 연구 기관과의 파트너십을 통해 신뢰성과 교육적 가치를 높일 수 있습니다.

3. 기술 인프라 구축

VR 기술의 발전과 함께, 사용자들이 원활하게 접근할 수 있는 기술 인프라를 구축해야 합니다. 플랫폼의 안정성과 사용성을 높이기 위해 최신 VR 기기와 소프트웨어를 지원하고, 다양한 디바이스에서 접근할 수 있도록 하십시오. 또한, 사용자 데이터 분석을 통해 학습 성과를 측정하고, 개인 맞춤형 학습 경로를 제공할 수 있는 기능을 갖추는 것이 중요합니다.

4. 마케팅 및 브랜드 전략

효과적인 마케팅 전략을 통해 플랫폼의 인지도를 높이십시오. 소셜 미디어, 블로그, 유튜브와 같은 온라인 채널을 활용하여 VR 역사 교육의 장점을 적극적으로 홍보하십시오. 또한, 체험형 이벤트나 데모 세션을 통해 잠재 고객들이 직접 VR 교육을 경험할 수 있도록 하십시오. 브랜드 이미지와 메시지를 명확히 하여, 교육적 가치와 혁신성을 강조하는 마케팅 캠페인을 전개하십시오.

5. 지속적인 업데이트 및 피드백 반영

VR 역사 교육 플랫폼은 지속적인 업데이트와 사용자 피드백

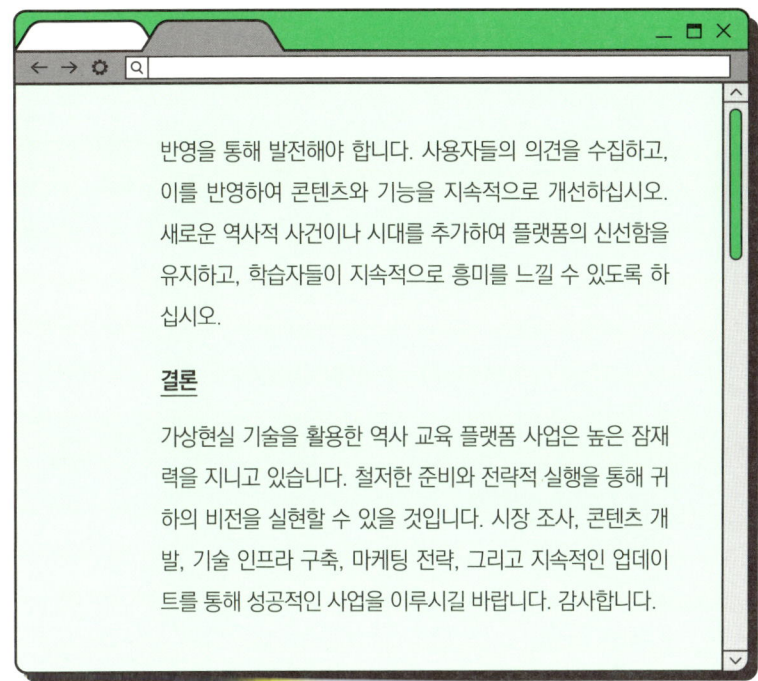

사회 뉴스에 자주 등장하는 부와 가난의 대물림과 공부의 상관관계에 대한 질문을 통해서는 경제와 교육, 사회학을 연결하는 통찰을 얻을 수 있습니다.

공부와 경제적 부는 어떤 관계가 있는 걸까? 뉴스를 보면 부유한 집안에서 자란 아이들이 가난한 집안에서 자란 아이들보다 공부를 잘하고 좋은 대학에 가는 비율이 높다는 통계가 자주 등장해. 그것은 사실일까? 왜 그런 차이가 생기는 걸까? 부와 가난이 공부와 어떻게 관련이 있는지 궁금해. 각각 300자 분량으로, 중학교 친구에게 말하는 반말 어조로 답해줘.

그것은 사실일까?

응, 사실이야. 여러 연구와 통계를 보면 부유한 집안에서 자란 아이들이 가난한 집안에서 자란 아이들보다 공부를 더 잘하고 좋은 대학에 가는 경우가 많다는 결과가 자주 나와. 이런 통계는 세계 여러 나라에서 비슷하게 나타나고 있어. 부유한 집안은 경제적으로 여유가 있어서 아이들에게 더 좋은 교육 기회를 제공할 수 있고, 이게 아이들의 학업 성취에 긍정적인 영향을 미쳐. 그래서 뉴스에서 보는 내용이 사실일 가능성이 높아.

왜 그런 차이가 생기는 걸까?

부유한 집안과 가난한 집안의 차이는 여러 가지 이유로 나타나. 첫째, 부유한 집안은 좋은 학원, 교재, 과외 등을 제공할 수 있는 경제적 여유가 있어. 둘째, 부모님들이 교육에 대한 이해와 관심이 높아서, 아이들에게 더 많은 학습 지원과 동기 부여를 해줄 수 있어. 셋째, 부유한 집안의 아이들은 안정된 환경에서 공부할 수 있는 반면, 가난한 집안의 아이들은 경제적 어려움 때문에 공부에 집중하기 힘든 경우가 많아. 이런 이유들 때문에 두 집안의 아이들 사이에 학업 성취도의 차이가 생기는 거야.

부와 가난이 공부와 어떻게 관련이 있는지 궁금해

부와 가난은 공부에 큰 영향을 미쳐. 부유한 집안에서는 경제적으로 여유가 있어서 좋은 학원에 다니고, 필요한 교재를 사며, 과외 수업을 받을 수 있어. 이런 환경 덕분에 아이들이 더 좋은 학습 기회를 갖게 되는 거야. 반면에 가난한 집안은 교육에 투자할 자원이 부족하고, 아이들이 공부할 수 있는 시간과 공간도 충분하지 않은 경우가 많아. 그래서 학습 성과가 떨어질 가능성이 높아지지. 그러니까 부와 가난이 아이들의 공부와 밀접하게 관련이 있는 거야.

폴리매스 질문의 힘

예전에는 두 마리 토끼를 쫓지 말라는 말을 했었습니다. 하나에만 집중하라는 말이었죠. 그러나 미래 사회는 한 분야와 다른 분야를 연결하는 융합의 기술이 요구될 겁니다. 폴리매스가 인정받는 시대가 된 것이죠. 분야마다 어느 정도 수준의 전문성을 가져야 해요. 이런 방향으로 공부해나갈 때 챗GPT는 매우 탁월한 도구가 됩니다. 단순한 도구를 넘어 친구요, 코치로서의 역할도 맡아줄 정도로 기능이 향상되었습니다.

챗GPT는 과학과 문학, 기술과 예술, 경제학과 심리학 등 서로 다른 분야의 지식을 연결하는 데 유용합니다. 이것만 잘 활

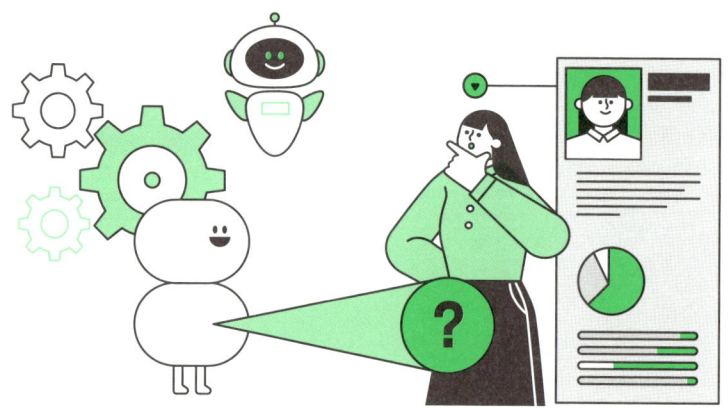

용해도 우리는 새로운 아이디어와 혁신적인 해결책을 발견해나 갈 수 있습니다.

여러분! 폴리매스 질문법을 통해 다양한 분야의 경계를 허물고, 박학다식한 사람을 넘어 다재다능한 사람이 되어보세요. 챗GPT는 여러분이 나아갈 그 여정을 더욱 풍요롭고 의미 있게 만들어줄 것입니다. 계속해서 다양한 질문을 던지고, 그 답을 찾아가며, 새로운 통찰을 얻는 즐거움을 누리시길 바랍니다. 여러분의 앞날에 무한한 가능성과 기회가 열려 있으니까요.

 **TIP** **챗GPT 질문 꿀팁**

*문제점을 지적*하고 *해결책을 제시*해달라고 요청하세요 ⭐

주제의 문제점을 지적하고 해결책을 제시해달라고 요청해보세요. 예를 들어, "이 문제의 원인과 해결책을 설명해줘"라고 하면 분석적인 답변을 받을 수 있어요.

 한국의 학생들은 입시 부담 때문에 학교를 마치고도 개인 시간을 갖는 경우가 극히 드물어. 바로 학원에 가서는 밤늦은 시간까지 공부를 하다 돌아오는 일상이 반복되고 있어. 이러한 현실 자체도 문제지만 학생들은 이로 인해 어떤 문제 때문에 힘들어질 수 있을까? 그리고 그러한 문제점을 해결하기 위한 해결책을 제시해줘. 문제 3가지, 해결책 각각 1가지씩.

 한국의 학생들이 입시 부담감으로 인해 겪는 주요 문제와 이를 해결하기 위한 해결책을 정리해 보았습니다.

문제 1: 정신 건강 문제

설명: 과도한 학업 스트레스와 밤늦게까지 이어지는 학습은 학생들의 정신 건강에 부정적인 영향을 미칩니다. 이는 우울증, 불안, 스트레스 증가 등 다양한 정신 건강 문제로 이어질 수 있습니다.

해결책: 상담 프로그램 제공 – 학교와 지역 사회에서 심리 상담 프로그램을 제공하여 학생들이 스트레스와 불안을 관리할 수 있도록 지원합니다. 정기적인 상담을 통해 학생들이 정신적으로 안정된 상태를 유지하고, 스트레스 관리 기술을 배울 수 있도록 돕습니다.

문제 2: 신체 건강 문제

설명: 밤늦게까지 공부하는 생활 패턴은 학생들의 수면 부족과 운동 부족으로 이어집니다. 이는 체력 저하, 면역력 약화, 성장 발달 저해 등의 신체 건강 문제를 야기할 수 있습니다.

해결책: 운동과 휴식의 균형잡기 – 학교 내에서 정기적인 체육 활동과 운동 프로그램을 강화하고, 학생들에게 적절한 휴식과 수면 시간을 확보하도록 교육합니다. 하루에 30분 이상 신체 활동을 권장하고, 적어도 8시간의 수면을 취할 수 있도록 권장하는 캠페인을 시행합니다.

문제 3: 사회적 관계 문제

설명: 학업에만 집중하게 되면 친구와 가족과의 시간이 부족하여 사회적 관계 형성에 어려움을 겪게 됩니다. 이는 고립감과 사회성 발달 저해로 이어질 수 있습니다.

해결책: 교우 활동과 가족 시간 강화 – 학교에서 다양한 교우 활동과 동아리 활동을 장려하여 학생들이 친구들과의 관계를 강화할 수 있도록 합니다. 또한, 가족과 함께하는 시간을 중요하게 여겨 가족 간의 유대감을 강화할 수 있는 프로그램을 도입합니다. 예를 들어, 정기적인 가족 모임이나 주말 가족 활동을 계획할 수 있도록 권장합니다.

종합

이와 같이, 한국의 학생들이 입시 부담감으로 인해 겪는 정신 건강 문제, 신체 건강 문제, 사회적 관계 문제를 해결하기 위해서는 상담 프로그램 제공, 운동과 휴식의 균형잡기, 교우 활동과 가족 시간 강화를 통한 전인적인 접근이 필요합니다. 이러한 해결책을 통해 학생들이 보다 건강하고 행복한 학습 환경에서 성장할 수 있도록 돕는 것이 중요합니다.

12 완벽한 글쓰기의 비밀, 교정과 교열 질문

하버드 대학교 교육학과 교수님인 리처드 라이트(Richard J. Light)는 자신의 책 《하버드 수재 1600명의 공부법(Making the Most of College)》에서 글쓰기의 중요성을 강조했습니다. 그는 글쓰기가 단순히 정보를 전달하는 수단이 아니라고 했어요. 생각을 정리하고 명확하게 표현하는 데 필수적인 능력이기 때문이지요.

글쓰기를 잘하면 복잡한 아이디어를 체계적으로 정리할 수 있고, 이를 통해 다른 사람들과 효과적으로 소통할 수 있다고 설명했어요. 그뿐만이 아니라 글쓰기는 학문적 성취뿐만 아니라 개인적인 성찰과 성장에도 큰 도움이 된다고 강조했어요. 자신이 무엇을 알고 있는지, 어떤 점에서 더 배워야 하는지를 깨닫고, 이를 바탕으로 더 나은 학습과 의사소통 능력을 갖추는 모든 것이 글쓰기를 통해 이루어진다는 겁니다. 한마디로 대학 생활은 곧 글쓰기를 배우는 과정이라는 것이 라이트 교수님의 이야기입니다.

놀랍지 않나요? 글쓰기는 그냥 글을 쓰는 것이 아니라는 거예요. 사고력을 향상시키는 과정일 뿐 아니라 사회에 나가 자신의 분야에서 성공하기 위한 밑바탕이라는 겁니다. 그래서일까요? 학교에서만이 아니라 대부분의 세계적인 기업에서도 글쓰기 능력을 최고의 능력으로 여기고 있답니다.

어린 시절의 글쓰기는 축적의 과정이어야 합니다. 글을 쓰면서 얻는 작은 성취감과 즐거움을 통해 글쓰기에 대한 긍정적인 태도를 형성하는 것이 중요합니다. 또한 자신의 글이 어떻게 교정되고 발전하는지 경험할 필요가 있습니다. 여러분도 글쓰기를 하다 보면 내 글이 정말 잘 쓰였는지, 문법적으로 맞는지 고민될 때가 많죠? 글의 완성도를 높이기 위해서는 글의 교정과 교열은 필수적이랍니다. 이런 상황에서 어떻게 하면 좋을까요? 챗GPT를 활용하면 지금까지의 모든 걱정을 해결할 수 있습니다. 1:1 글쓰기 개인 지도를 언제 어디서나, 자신의 수준에 맞게 받을 수 있지요. 지금까지 이 책에서 강조한 질문법들만 잘 익힌다면 챗GPT는 여러분에게 최고의 글쓰기 가정교사가 되어줄 것입니다. 그 방법도 너무나 쉽습니다. 한번 예를 들어볼게요.

여러분이 글을 쓰고 나서 챗GPT에게 "이 글의 맞춤법과 문법을 확인해줘"라고 요청해보세요. 또는 "이 문장이 더 명확하게 전달되도록 고쳐줘"라고 말해보세요. 그러면 챗GPT가 친절하게 글을 교정해줍니다. 그리고 선생님이 설명하는 것처럼 어떤 부분을 왜 수정하고 보완했는지 정리해달라고 하면 이해하기 쉽게 잘 정리해준답니다.

아래의 글은 내 동생이 쓴 글인데 글의 맞춤법과 문법을 확인해줘. 그리고 문장이 더 명확하게 전달되도록 고쳐줘. 마지막으로, 수정해준 부분은 무엇이 잘못되었기에 수정했는지도 설명해줘. 내 동생은 초등학교 1학년 학생이야.

오늘은 나의 생일이었다. 나는 친구들과 같이 놀았어요. 우리는 공원에서 게임도 하고 피자도 먹었다. 그러나, 비가 갑자기 내려서 우린 집에 돌아가야 했다. 그래도 재미있었어. 나는 엄마가 준비해준 케이크를 먹고 친구들과 함께 노래도 불렀다. 그리고 내 친구들 나에게 많은 선물을 줬다. 제일 좋은 선물은 새로운 책이었어. 그 책은 내가 좋아하는 작가의 책이었기 때문이에요. 생일이 끝나서 아쉬웠지만 내년 생일도 기다려집니다.

맞춤법과 문법 확인 및 수정된 글 ▼

"오늘은 나의 생일이었다. 나는 친구들과 같이 놀았다. 우리는 공원에서 게임도 하고 피자도 먹었다. 그러나 비가 갑자기 내려서 우리는 집에 돌아가야 했다. 그래도 재미있었다. 나는 엄마가 준비해준 케이크를 먹고 친구들과 함께 노래도 불렀다. 그리고 내 친구들이 나에게 많은 선물을 줬다. 제일 좋은 선물은 새로운 책이었다. 그 책은 내가 좋아하는 작가의 책이었기 때문이다. 생일이 끝나서 아쉬웠지만 내년 생일도 기다려진다."

수정한 부분과 이유 ▼

1. 문장 구조 수정

- 원문: "나는 친구들과 같이 놀았어요."
- 수정: "나는 친구들과 같이 놀았다."
- 이유: '놀았어요'는 '놀았다'로 통일하여 문장의 일관성을 유지했습니다. 문장이 더 명확하고 간결하게 전달됩니다.

2. 불필요한 쉼표 제거

- 원문: "그러나, 비가 갑자기 내려서 우린 집에 돌아가야 했다."
- 수정: "그러나 비가 갑자기 내려서 우리는 집에 돌아가야 했다."
- 이유: '그러나' 뒤의 쉼표를 제거하여 문장이 더 자연스럽게 흐르도록 했습니다. '우린'을 '우리는'으로 바꿔 문장을 더 정식으로 표현했습니다.

3. 동사 통일

- 원문: "그래도 재미있었어."

- 수정: "그래도 재미있었다."
- 이유: 앞서 사용된 동사 시제와 일관성을 맞추기 위해 '재미있었어'를 '재미있었다'로 수정했습니다. 이로써 문장들이 같은 어조를 유지하게 됩니다.

4. 문장 구조 수정

- 원문: "그리고 내 친구들 나에게 많은 선물을 줬다."
- 수정: "그리고 내 친구들이 나에게 많은 선물을 줬다."
- 이유: '내 친구들'과 '나에게' 사이에 '들이'를 추가하여 문장을 더 자연스럽게 연결했습니다.

5. 동사 통일

- 원문: "제일 좋은 선물은 새로운 책이었어."
- 수정: "제일 좋은 선물은 새로운 책이었다."
- 이유: 앞 문장과 어조를 맞추기 위해 '책이었어'를 '책이었다'로 수정했습니다. 동사 시제를 통일하여 글이 더 일관성 있게 읽히게 됩니다.

6. 맞춤법 및 문법 수정

- 원문: "그 책은 내가 좋아하는 작가의 책이었기 때문이에요."
- 수정: "그 책은 내가 좋아하는 작가의 책이었기 때문이다."
- 이유: '때문이에요'를 '때문이다'로 바꿔 시제와 일관성을

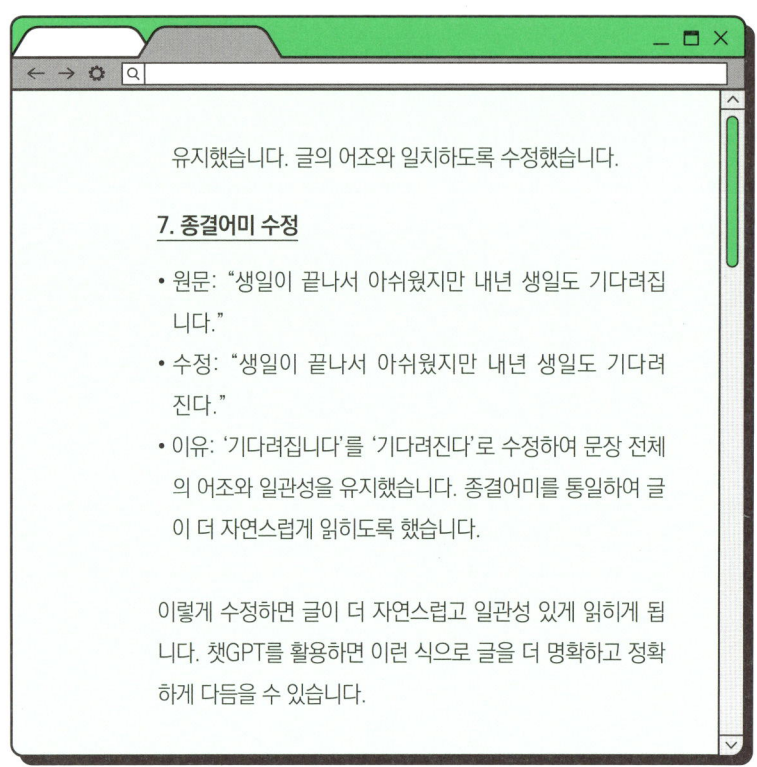

유지했습니다. 글의 어조와 일치하도록 수정했습니다.

7. 종결어미 수정

- 원문: "생일이 끝나서 아쉬웠지만 내년 생일도 기다려집니다."
- 수정: "생일이 끝나서 아쉬웠지만 내년 생일도 기다려진다."
- 이유: '기다려집니다'를 '기다려진다'로 수정하여 문장 전체의 어조와 일관성을 유지했습니다. 종결어미를 통일하여 글이 더 자연스럽게 읽히도록 했습니다.

이렇게 수정하면 글이 더 자연스럽고 일관성 있게 읽히게 됩니다. 챗GPT를 활용하면 이런 식으로 글을 더 명확하고 정확하게 다듬을 수 있습니다.

챗GPT를 활용한 교정&교열 질문 예시

챗GPT를 통해 글을 교정하고 다듬는 방법을 몇 가지 예시를 통해 살펴보겠습니다.

1. 글의 어조 교정

예를 들어, 친구에게 비난하는 글을 썼는데 이를 더 부드럽고 긍정적인 어조로 바꾸고 싶다면 다음과 같이 질문할 수 있습니다.

- 원문: "너는 항상 약속을 어기고, 정말 실망스러워."
- 질문: "이 글을 더 부드럽고 긍정적인 어조로 고쳐줄래?"
- 챗GPT의 답변: "최근에 약속을 지키지 못한 일이 몇 번 있었는데, 다음에는 꼭 지켜주면 좋겠어."

2. 독서 감상문 수정

독서 감상문을 쓰고 나서 내용을 더 명확하게 하고 싶다면 다음과 같이 질문할 수 있습니다.

- 원문: "이 책은 정말 재미있고, 많은 교훈을 주는 책이었어요. 특히 주인공의 용기가 인상적이었어요."
- 질문: "이 독서 감상문을 더 명확하고 간결하게 고쳐줄래?"
- 챗GPT의 답변: "이 책은 재미있고 교훈적이었습니다. 특히 주인공의 용기가 인상적이었습니다."

3. 문법, 구두점 오류 수정

문법적 오류나 구두점 오류를 수정하려면 다음과 같이 질문할 수 있습니다.

- 원문: "나는 어제, 친구랑 영화를 봤고, 정말 재밌있어."
- 질문: "이 문장의 문법과 구두점 오류를 고쳐줄래?"
- 챗GPT의 답변: "나는 어제 친구랑 영화를 봤고, 정말 재미있었어."

4. 오류 수정 이유 설명 요청

수정한 이유를 알고 싶다면 다음과 같이 질문할 수 있습니다.

- 질문: "이 문장을 고친 이유를 설명해줄래?"
- 챗GPT의 답변: "원문에서는 '재밌있어'라는 표현이 비격식적이었기 때문에, '재미있었어'로 수정했습니다. 또한, 불필요한 쉼표를 제거하여 문장을 더 간결하게 만들었습니다."

이처럼 글을 쓰는 동안 언제든지 챗GPT에게 도움을 받을 수 있습니다. 글을 쓰다가 막히면 챗GPT에게 물어보세요. 글쓰기를 잘하기 위한 다양한 팁과 조언을 받을 수 있습니다. 이렇게

하면 글쓰기가 더 재미있어지고, 실력도 크게 향상될 거예요.

다시 강조하지만 글쓰기는 단순히 글을 쓰는 것이 아닙니다. 글쓰기는 우리의 생각을 정리하고, 명확하게 표현하며, 다른 사람과 소통하는 중요한 방법입니다. 글을 쓰는 동안 챗GPT에게 다양한 질문을 던지고, 그 답을 통해 글을 수정하고 다듬어 나가는 과정 속에서 여러분은 글쓰기 실력을 높일 수 있습니다. 더 나아가, 이 경험은 여러분이 대학에서나 사회에서 성공적으로 소통하고 영향력을 발휘하는 데 큰 도움이 될 것입니다. 글쓰기 능력은 어떤 분야에서든 중요한 자산이므로, 청소년 시절부터 꾸준히 연습해 나간다면 상상하는 것 이상의 발전이 있을 거예요.

 여러분도 챗GPT와 함께 글쓰기 실력을 키워보세요. 더 나은 글을 쓰는 능력을 갖추고, 성공적인 미래를 준비할 수 있을 것입니다. 이렇게 좋은 기회를 맞이한 여러분의 미래, 벌써부터 기대되네요.

 **챗GPT 질문 꿀팁**

내가 만든 질문을 보완해
완성형 질문으로 만들어줄 것을 요청하세요

챗GPT에게 자신의 질문을 개선해달라고 요청할 수 있습니다. 어떤 질문을 던져야 할지 모를 때 자신이 관심 있는 분야에 던질 질문을 만들어 달라고 요청해보세요. 혹시 질문은 만들었는데 더 멋진 질문으로 보완하고 싶으세요? 그러면 이렇게 질문을 던져보세요. "내가 한 질문을 더 완성된 질문으로 만들어줄래?" 또는 "이 질문을 분석해서 더 좋은 답변을 얻을 수 있도록 수정해줘"라고 하면, 챗GPT는 질문의 취지를 이해하고, 질문의 내용을 보완하고 다듬어서 더 구체적이고 명확한 질문으로 만들어줍니다.

 남녀평등에 관한 주제를 가지고 중학생들을 대상으로 한 토론대회에 나가려고 해. 여학생의 입장에서 남학생들에게 던질 수 있는 질문 5개만 뽑아줘.

 남녀평등에 관한 주제로 토론대회에 나가는 여학생의 입장에서 남학생들에게 던질 수 있는 질문 5가지를 뽑아드릴게요. 이 질문들은 성 평등에 대한 다양한 측면을 탐구하고, 남학생들이 자신의 생각을 깊이 있게 고민할 수 있도록 도와줄 것입니다.

질문 1

"학교생활에서 남학생과 여학생이 받는 대우가 다르다고 느낀 적이 있나요? 만약 그렇다면 어떤 상황이었고, 그 이유는 무엇이라고 생각하나요?"

질문 2

"여학생들이 겪는 성차별 문제에 대해 들어본 적이 있나요? 그렇다면 어떤 문제였고, 이에 대해 어떻게 생각하나요?"

질문 3

"남성 중심의 사회 구조가 여학생들에게 어떤 영향을 미친다고 생각하나요? 이를 해결하기 위해 어떤 변화가 필요하다고 생각하나요?"

질문 4

"스포츠나 과학 같은 특정 분야에서 남학생과 여학생이 동일한 기회를 가지지 못한다고 느낀 적이 있나요? 이러한 불평등을 해결하기 위해 어떤 조치가 필요하다고 생각하나요?"

질문 5

"가정이나 사회에서 남학생들이 더 많은 권리를 누린다고 생각하나요? 그렇다면 여학생들이 동등한 권리를 가지기 위해 어떤 변화가 필요하다고 생각하나요?"

이 질문들은 남학생들이 남녀평등에 대해 깊이 생각하고, 자신의 경험과 의견을 나누며 토론할 수 있는 좋은 출발점이 될 것입니다. 좋은 토론 대회가 되기를 바랍니다!

네가 제시해준 질문 4번을 조금 더 자세한 질문으로 보완해줘.

물론입니다. 질문을 더 구체적이고 자세하게 보완해보겠습니다.

질문 4 (보완된 버전)

"스포츠나 과학 같은 특정 분야에서 남학생과 여학생이 동일한 기회를 가지지 못한다고 느낀 적이 있나요? 예를 들어, 과학 수업에서 여학생의 참여가 적거나, 스포츠 팀에서 여학생에게 충분한 기회가 주어지지 않는 경우가 있었나요? 이러한 불평등을 해결하기 위해 학교나 지역 사회에서 어떤 구체적인 조치가 필요하다고 생각하나요? 또한, 이러한 조치가 실제로 시행된다면 어떤 긍정적인 변화가 있을 것이라고 예상하나요?"

이렇게 질문을 보완하면 남학생들이 자신의 경험을 구체적으로 떠올리고, 불평등 문제와 그 해결책에 대해 더 깊이 생각해볼 수 있을 것입니다.

13

상상력을 자극하는 창작 질문의 세계

혹시 조앤 K. 롤링(Joan K. Rowling)이라는 이름을 들어본 적이 있나요? 그녀는 세계적인 베스트셀러인 《해리 포터(Harry Potter)》 시리즈를 쓴 작가입니다. 그런데 롤링의 인생은 처음부터 순탄치 않았어요. 그녀는 싱글맘으로 생활고에 시달렸고, 수많은 출판사로부터 거절당한 경험이 있지요. 하지만 끊임없는 상상력과 창작의 힘을 믿고 포기하지 않았어요. 결국 그녀의 책은 전 세계에서 사랑받는 작품이 되었지요. 지금 롤링은 세계에서 가장 성공한 작가 중 한 명으로, 그녀의 작품은 책뿐만 아니라 영화, 연극 등으로도 제작되어 엄청난 수익을 올리고 있습니다.

이처럼 창작의 세계는 어렵고 험난할 수 있지만, 그만큼 보람도 큽니다. 창작의 즐거움은 단지 성공과 돈만이 아닙니다. 자신의 이야기를 세상에 전하고, 그 이야기가 누군가의 마음을 움직이고 상상력을 자극하는 것만으로도 큰 의미가 있습니다.

챗GPT 질문법만 있다면 나도 소설가!

그런데, 창작은 쉬운 일이 아닙니다. 이전 장에서 글쓰기를 사람들이 힘들어하는 이유를 다뤘는데, 하나의 작품을 만들어내는 창작은 그보다 더 어려운 일입니다. 무에서 유를 창조하는 과정이라 할 수 있으니까요. 아이디어를 구체화하고, 글로 옮기는 일은 많은 노력과 시간이 필요합니다.

챗GPT가 세상에 소개된 이후로 사람들이 제일 많이 도전하는 분야 가운데 하나가 바로 소설 쓰기입니다. 챗GPT는 사용자들에게 새로운 아이디어를 제공하고, 글쓰기 과정에서 도움을 주며 창작의 부담을 덜어주었습니

다. 그 결과, 많은 창작물이 쏟아져 나오게 됐죠. 실제로 챗GPT의 도움을 받아 완성된 소설들이 수천 권에 이른다고 합니다. 이러한 현상은 세계 최대의 판타지 소설 출판사들도 주목하게 만들었습니다. 이들은 챗GPT를 활용한 창작물을 심사하고, 그중에서 우수한 작품을 출간하는 결정을 내리기도 했지요.

하지만, 이러한 현상이 챗GPT를 잘못 사용하는 방향으로 이끌 수도 있습니다. 표절 문제나 창작의 독창성을 해칠 수 있는 우려가 있죠. 챗GPT는 그저 도구일 뿐 이를 어떻게 활용하느냐에 따라 결과물의 수준이 크게 달라집니다. 실제로 챗GPT를 통해 수준 높은 창작물들도 많이 나왔지만, 대다수의 소설들은 매우 수준이 낮고 조잡한 상태로 나타나는 경우가 많았습니다. 왜 이런 결과가 나왔을까요? 그것은 질문이 디테일하지 않았기 때문입니다.

챗GPT를 활용한 창작에서는 사용자가 던진 질문의 질이 창작물의 질을 결정짓는 중요한 요소가 됩니다. 나의 창작물을 더욱 풍부하고 의미 있게 만들기 위해서는 스스로의 아이디어와 상상력을 최대한 발휘하여 디테일한 질문을 던지는 것이 필요합니다. 창작의 공백을 메우기 위해 챗GPT를 활용하되, 나의 창의성과 노력이 결합될 때 비로소 진정한 창작의 기쁨을 느낄 수 있을 것입니다.

챗GPT 창작, 어디까지 가능한가?

1. 소설 창작

창작이라는 말을 들을 때 가장 먼저 떠오르는 것은 소설이 아닐까 합니다. 챗GPT를 활용하면 소설 창작에 필요한 모든 것을 할 수 있습니다. 캐릭터 설정부터 줄거리 구성, 배경 묘사, 대화 작성, 플롯 전개 모두를 할 수 있지요. 여러분이 소설 창작할 때 던질 수 있는 질문 몇 가지를 예로 들어볼게요. 한번 여러분도 직접 챗GPT에 질문을 던져보세요. 다음 질문에 여러분이 원하는 내용을 추가하며 질문을 던지다 보면 짧은 소설 정도는 누구나 만들어볼 수 있을 거예요.

1) 주인공은 어떤 성격을 가지고 있으며, 그가 직면한 첫 번째 갈등은 무엇인가요?

예: 주인공이 새로운 학교에 전학 온 첫날, 친해지기 어려운 친구들과의 갈등을 겪고 있습니다. 주인공의 성격은 무엇이며, 이 갈등을 해결하기 위해 어떤 행동을 할까요?

2) 이야기의 배경은 어디인가요? 그리고 그 배경이 이야기 전개에 어떻게 영향을 미치나요?

예: 이야기가 중세 판타지 세계에서 진행됩니다. 이 세계의 특징과 주인공의 모험에 어떤 영향을 미치는지 설명해보세요.

3) 주인공이 가장 친한 친구와의 관계에서 어떤 문제를 겪고 있나요?

예: 주인공과 가장 친한 친구가 서로의 비밀을 알게 되어 갈등이 발생합니다. 이 갈등이 어떻게 해결되는지 설명해보세요.

4) 이야기에서 중요한 사건이 발생하는 장소를 자세히 묘사해 주세요.

예: 주인공이 신비한 숲속에서 중요한 발견을 하는 장면을 묘사해보세요. 그 장소는 어떤 모습이며, 주인공에게 어떤 의미가 있나요?

5) 주인공의 목표는 무엇이며, 그것을 달성하기 위해 어떤 장애물에 맞서야 하나요?

예: 주인공이 잃어버린 보물을 찾기 위해 여행을 떠납니다. 그 과정에서 어떤 어려움에 부딪히는지 설명해보세요.

6) 주인공의 적대자는 어떤 인물이며, 그가 주인공에게 어떤 위협을 가하나요?

예: 주인공의 적대자는 부유한 상인으로, 주인공의 가족에게 큰 위협을 가하고 있습니다. 이 적대자의 동기와 주인공과의 갈등을 설명해보세요.

7) 이야기에서 주인공이 배우는 중요한 교훈은 무엇인가요?

예: 주인공이 자신의 두려움을 극복하는 과정에서 배우는 교훈이 무엇인지 설명해보세요.

8) 주인공의 변화를 나타내는 중요한 장면을 작성해주세요.

예: 주인공이 용기를 내어 친구를 구하는 장면을 작성해보세요. 이 장면에서 주인공의 성격이나 태도가 어떻게 변화하나요?

9) 이야기 속에서 등장하는 신비한 물건이나 마법의 요소를 설명해주세요.

예: 주인공이 우연히 발견한 마법의 지도가 이야기 전개에 어떤 역할을 하는지 설명해보세요.

10) 이야기의 결말은 어떻게 끝나나요? 주인공이 해결한 문제와 그에 대한 반응을 설명해주세요.

예: 주인공이 최종적인 목표를 달성한 후 어떤 기분이 드는지, 그리고 그로 인해 변화된 삶의 모습을 설명해보세요.

2. 미술 창작

미술 창작에서도 마찬가지입니다. 이제는 AI에게 글로 그림을 그려달라고 요청할 수 있습니다. 간단하게 창작 질문으로 그림을 요청해볼까요?

"밝고 따뜻한 색감의 교실 풍경을 그려줘. 교실 한편에서는 친구들이 도시락을 함께 먹고 있고, 어떤 한 남학생은 창문에 걸터앉아 책을 읽고 있어. 모든 학생들은 중학생 교복을 입고 있어. 일본 만화풍으로 그려줘."

이처럼 자신이 원하는 그림을 챗GPT가 생성해주도록 자신의 질문을 수정해가며 그림 창작 질문을 만들어보세요.

3. 시와 노래 가사 창작

많은 사람들이 어려워하는 시 창작도 예외가 아닙니다. 시의 주제, 형식, 분위기 등을 설명하면 AI가 그에 맞는 시를 작성해 줍니다. 예를 들어 "학교 공부의 어려움을 노래하는 시를 써줘"라고 요청하면, 이에 맞는 창작물이 나옵니다.

음악 창작 또한 마찬가지입니다. 특정 주제나 감정을 담은 가사 생성을 챗GPT에게 요구할 수 있어요. 예를 들어 "졸업으로 시험과 학교에서 해방된 기쁨을 주제로 한 가사를 써줘"라고 요청하면 이에 맞는 가사를 생성할 수 있습니다.

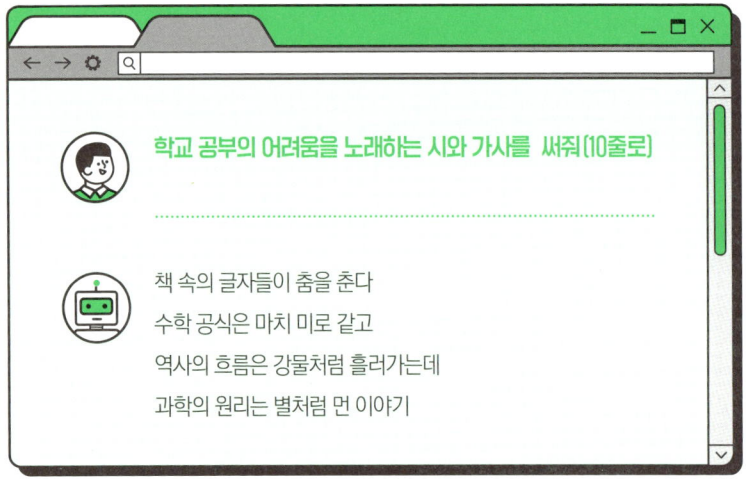

교실 속 하루는 끝없이 길고
문제집의 무게는 산처럼 무겁다
지식의 바다에서 길을 잃은 기분
외우고 이해하는 게 끝없는 싸움

하지만 이 모든 어려움 속에서도
꿈을 향해 한 걸음씩 나아간다.

졸업의 날 (Graduation Day)

1절
교실 창밖으로 빛나는 햇살,
우릴 기다리던 자유의 신호,
시험과 숙제, 이제는 안녕,
우리의 꿈이 시작되는 곳.

코러스
졸업의 날이 와, 해방의 날이야,
무거운 책가방 이제는 벗어던져,
학교의 종소리, 추억이 되어서,
우리의 미래가 활짝 열리네.

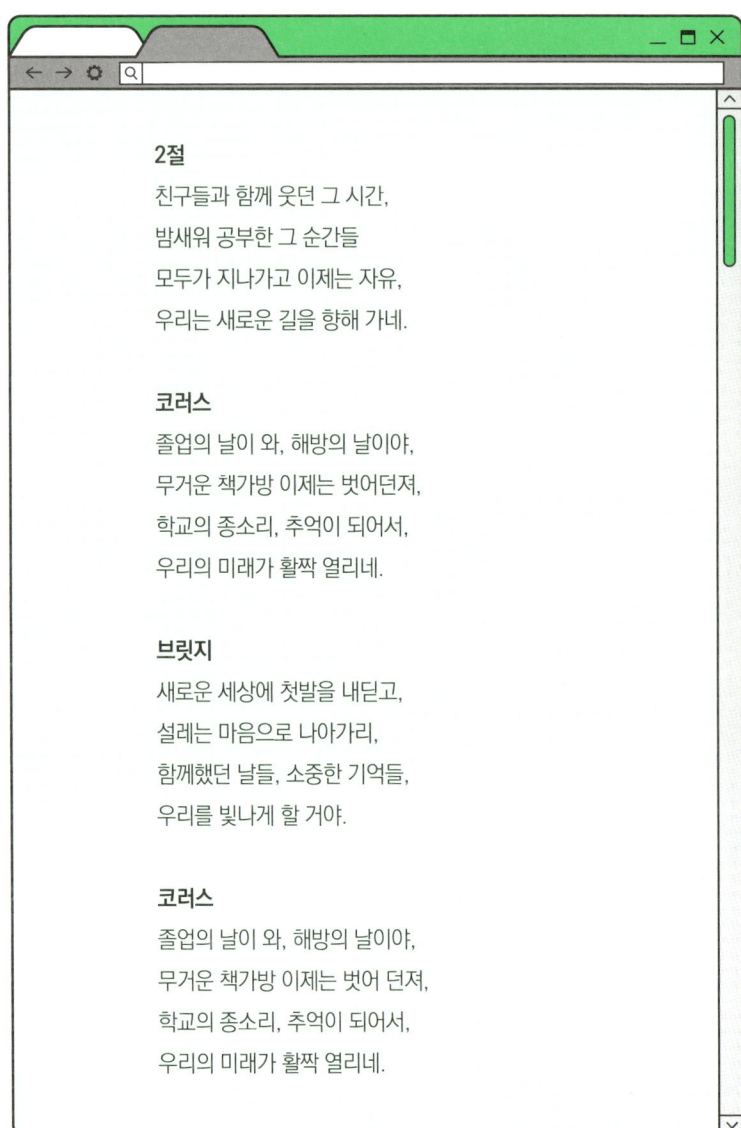

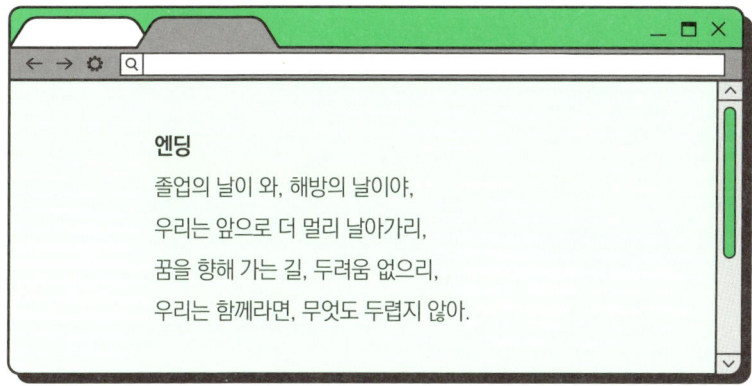

 이 외에도 블로그 포스팅, 반장 선거 연설문 작성, 과제 보고서 작성, 에세이 작성, 편지 작성, 책 리뷰 작성, 선생님 인터뷰 질문 작성 등 글과 그림으로 할 수 있는 모든 창작이 가능합니다.

 다시 강조하지만, 챗GPT는 창작의 도구일 뿐 모든 것을 대신해주는 것은 아닙니다. 여러분의 상상력과 노력이 더해져야 진정한 창작물이 탄생합니다. 확실한 것은 챗GPT는 그 과정에서 좋은 친구가 되어줄 것이라는 사실입니다. 창작의 어려움을 극복하고, 여러분만의 독창적인 작품을 만들기에 도전해보세요.

TIP 챗GPT 질문 꿀팁

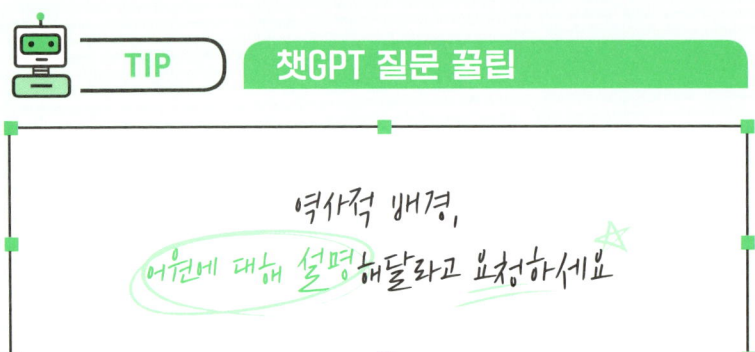

주제의 역사적 배경을 포함해 설명해달라고 요청해보세요. 예를 들어, "이 주제의 역사적 배경을 설명해줘"라고 하면 더 깊이 있는 답변을 받을 수 있습니다.

 세계적인 커피 체인점 스타벅스의 창립 배경과 스타벅스 이름의 의미, 어원을 설명해줘.

 스타벅스의 창립 배경

스타벅스는 1971년 미국 워싱턴주 시애틀에서 제리 볼드윈(Jerry Baldwin), 제브 시글(Zeve Siegl), 그리고 고든 보커(Gordon Bowker)라는 세 명의 친구에 의해 설립되었습니다. 이들은 처음에 커피 원두와 커피 기구를 판매하는 매장을 열었습니다. 이들은 좋은 품질의 커피 원두를 제공하겠다는 목표를 가지고 있었으며, 시애틀에서 작은 매장을 시작했습니다.

하워드 슐츠의 등장과 확장

1982년, 하워드 슐츠(Howard Schultz)가 스타벅스에 마케팅 디렉터로 합류하면서 회사의 운명은 크게 바뀌었습니다. 1983년에 이탈리아를 여행하던 중, 그는 이탈리아의 에스프레소 바 문화를 접하고 큰 영감을 받았습니다. 그는 스타벅스도 커피 원두 판매에서 벗어나 커피 음료를 제공하는 카페로 전환해야 한다고 생각했습니다. 그의 비전을 실현하기 위해 그는 1987년에 스타벅스를 인수하고, 커피 음료를 제공하는 매장으로 바꾸어 큰 성공을 거두었습니다.

스타벅스 이름의 의미와 어원

스타벅스라는 이름은 허먼 멜빌의 소설 《모비 딕》에서 영감을 받았습니다. 이 소설에 등장하는 인물 중 하나인 스타벅(Starbuck)은 배의 일등 항해사로, 원래 이 이름을 따서 회사명을 지었습니다.

또한, 스타벅스의 창립자들은 'Starbo'라는 이름을 생각하고 있었습니다. 이는 시애틀 근처의 광산 마을인 스타보(Starbo)에서 따온 것입니다. 이들은 Starbo라는 이름에서 영감을 받아 '스타벅스'라는 이름을 최종적으로 결정했습니다. 이 이름은 항해와 모험을 상징하며, 커피를 통한 새로운 경험과 모험을 떠올리게 합니다.

로고와 상징

스타벅스의 로고는 두 개의 꼬리를 가진 사이렌(바다의 요정)을 특징으로 합니다. 이 로고는 원래 16세기 북유럽 목판화에서 영감을 받았습니다. 사이렌은 항해와 바다를 상징하며, 스타벅스의 항해를 통한 모험과 새로운 경험을 상징합니다.

요약

스타벅스는 1971년 시애틀에서 제리 볼드윈, 제브 시글, 고든 보커에 의해 설립되었으며, 1982년에 하워드 슐츠가 합류하여 커피 음료를 제공하는 카페로 발전했습니다. 스타벅스라는 이름은 허먼 멜빌의 소설 《모비 딕》의 인물 스타벅에서 영감을 받았으며, 항해와 모험을 상징합니다. 스타벅스의 로고는 사이렌을 특징으로 하며, 바다와 모험을 상징합니다.

14
번역 질문으로
세계로 행진하기

여러분은 외국어를 잘하고 싶다는 생각을 해본 적 있나요? 영어는 물론이고 일본어, 중국어, 스페인어 같은 언어도요. 새로운 언어를 배운다는 건 매우 흥미로운 일이에요. 그런데 외국어 공부를 많은 사람들이 어려워 하지요. 사실, 외국어를 배우는 데는 많은 시간과 노력이 필요해요. 학교에서의 시험만 해도 그렇지요. 발음, 문법, 어휘 등 다양한 요소를 익히고 평가받는 과정은 지루하고 힘든 과정이에요. 이런 어려움 때문에 외국어 공부에 흥미를 잃는 사람들이 많습니다. '수포자'라는 말이 있지요? 수학을 포기하는 사람을 칭하는 말인데 '영포자'들도 주변에서 많이 볼 수 있어요.

  학창 시절에서만의 문제는 아니에요. 성인이 된 사람들의 경우도 마찬가지랍니다. 외국어를 공부하기 위해 새벽부터 학원을 찾는 직장인들도 많답니다. 그런데 노력도 노력이지만 돈도 많이 든다는 부담감을 호소하고 있어요. 하지만 챗GPT의 출현으로 모든 것이 달라져버렸답니다. 학생, 성인 모두에게 외국어 학습에 새로운 기회가 찾아든 것이지요. 챗GPT는 언제 어디서나 여러분이 외국어를 연습할 수 있도록 도와줄 수 있어요. 그것도 무료로 다양한 언어를 연습할 수 있게 됐지요.

챗GPT는 나의 외국어 선생님

  외국어 학습을 할 때 제일 간단하면서도 많이 활용하는 기능은 번역 기능이에요. 챗GPT 이전에도 구글 번역기, 파파고 번역기 등 많은 번역 서비스가 있었지요. 그러나 챗GPT를 사용하다 보면 이전의 다른 서비스와는 차원이 다르다는 것을 알게 될 거예요.

  챗GPT를 활용하면 뉴스 기사, 모르는 단어, 외국어 교과서

내용, 메뉴판, 이메일 등 거의 모든 것을 번역할 수 있어요. 챗GPT는 단순한 번역을 넘어서 문체까지도 세밀하게 조정할 수 있는 능력을 갖추고 있지요.

여러분이 쓴 일기나 에세이를 챗GPT 질문창에 넣고 〈뉴욕타임즈〉 기사 수준의 문체로 번역해달라고 요청해보세요. 그에 걸맞은 수준으로 영어 문장을 생성해줄 것입니다. 내가 쓴 한글 원고가 고퀄리티의 외국어 문서로 재탄생하게 되는 거지요.

아래의 내용은 초등학교 1학년 학생의 일기야. 뉴욕타임즈 기자가 이 글을 조금 더 높은 수준의 영어 문체로 번역한다고 생각하고 번역해줘. 영어로 번역해준 글 밑에 다시 한글로 번역해줘.

제목 : 피아노(책)

저는 피아노를 배우고 있어요. 그런데 저는 원래는 피아노학원을 다녔어요. 학원에서는 매일 한 장씩 넘어갔어요. 그런데 아빠가 피아노 학원을 끊었어요. 왜냐하면 제가 연습을 안하고 그래서 그런거예요. 제가 열심히 한다고하니 다른 피아노 선생님을 소개해주셨고 다시 레슨을 시작했어요. 새로운 피아노 선생님이 잘가르켜 주셔서 저는 이제 바이엘 상권을 끝내고 하권을하고 있어요.. 또 조금만 있으면 채르니100번을 들어가요. 채르니100번을 언제 들어갈지는 모르지만 빨리 채르니100번을 들어가고 싶어요. 그리고 저는 실력과 수준이 많이 높아졌어요 시간이 갈수록 실력은 높아지겠지요. 피아니스트 돼고 싶다!

Title: The Piano Journey

I am learning to play the piano. Initially, I attended

the Piano Academy, where we progressed by one page each day. However, my father decided to stop my lessons because I wasn't practicing enough. After I promised to put in more effort, he introduced me to a new piano teacher, and I resumed my lessons. This new teacher is excellent, and now I have completed the first volume of Beyer and am working on the second. Soon, I will start Czerny 100. Although I am not sure when I will begin Czerny 100, I am eager to start. My skills and proficiency have significantly improved. As time passes, I am confident that my abilities will continue to grow. I aspire to become a pianist!

피아노 여정

저는 피아노를 배우고 있어요. 처음에는 피아노 학원에 다녔어요. 학원에서는 매일 한 장씩 진도를 나갔어요. 그러나 연습을 충분히 하지 않아서 아빠가 제 수업을 중단하셨어요. 제가 더 열심히 하겠다고 약속하니, 아빠가 새로운 피아노 선생님을 소개해주셨고, 다시 레슨을 시작했어요. 이 새로운 선생님은 매우 훌륭하셔서, 이제 바이엘 상권을 끝내고 하권을 하고 있어요. 곧 체르니 100번도 시작할 거예요. 언제 체르니 100번을 시작할지는 모르지만, 빨리 하고 싶어요. 제

　반대로 영어 뉴스나 소설 내용을 자신이 이해할 수 있는 수준의 한글로 번역해달라고 요청할 수도 있습니다. '초등학교 6학년이 이해할 수 있는 수준으로 번역해줘' 처럼 대상과 수준에 맞는 번역이 가능한 것은 챗GPT 번역 기능의 최고 장점 중 하나예요. 여기에 더해 동화 같은 문체, 드라마 대본 형식, 뉴스 기사 스타일, 톨스토이의 문체 등 다양한 형태로도 번역을 요청할 수 있어요. 그리고 그 결과물은 항상 기대를 뛰어넘는 수준일 겁니다. 챗GPT의 번역 기능은 단순히 번역된 정보를 제공하는 것을 넘어, 다양한 질문 요청을 반영해가며 새로운 차원의 결과물을 우리에게 제공해준답니다. 거의 새로운 창작물이라고 해도 될 정도지요.

이 책에서 다룬 모든 챗GPT 질문과 팁을 번역 질문에 적용해 보겠습니다. 답변의 수준 정하기나 페르소나 및 답변자의 역할 정하기 외에도 답변의 길이 및 분량 정하기, 특정 상황 및 배경 설정 요청하기, 요약 요청하기, 답변의 출처 요청하기, 답변의 톤 요청하기 등 모든 질문 기술을 질문 지침으로 활용할 수 있습니다.

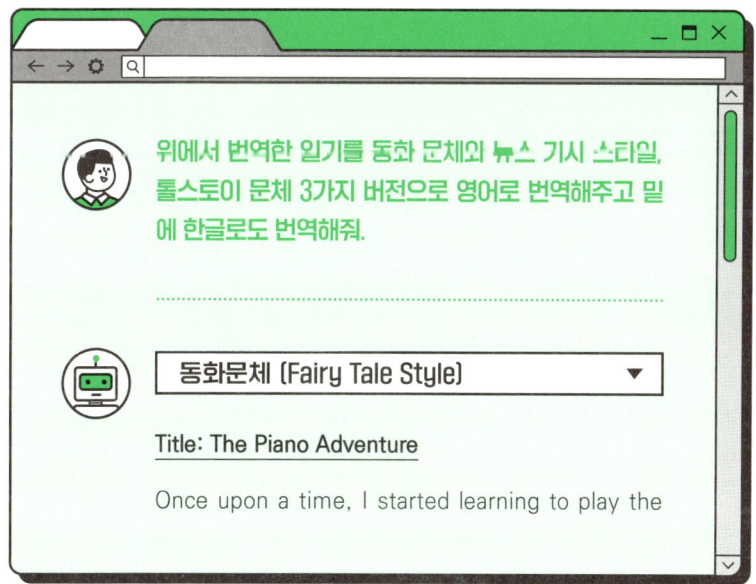

piano. I used to go to the Piano Academy, where each day we turned a new page. But one day, my father stopped my lessons because I wasn't practicing. I promised to try harder, and then he found a wonderful new piano teacher for me. This teacher was so kind and skilled that I quickly finished the first volume of Beyer and started the second. Soon, I will embark on the journey of Czerny 100. I don't know when that day will come, but I can't wait! My skills have improved so much, and I know they will keep growing as time goes by. I dream of becoming a pianist!

피아노 모험

옛날 옛적에, 저는 피아노를 배우기 시작했어요. 저는 매일 새로운 페이지를 넘기는 피아노 학원에 다녔어요. 하지만 어느 날, 아빠가 연습을 하지 않는 저를 위해 수업을 중단하셨어요. 저는 더 열심히 하겠다고 약속했고, 아빠는 저에게 멋진 새로운 피아노 선생님을 찾아주셨어요. 이 선생님은 매우 친절하고 능숙하셔서 저는 빠르게 바이엘 상권을 끝내고 하권을 시작했어요. 곧 체르니 100번의 모험을 시작할 거예요. 그날이 언제 올지는 모르지만, 너무 기대돼요! 제 실력은 많이 향상되었고, 시간이 지나면서 계속 성장할 거라고 확신

해요. 저는 피아니스트가 되는 꿈을 꾸고 있어요!

뉴스 기사 스타일 (News Article Style) ▼

Title: Young Pianist Resumes Lessons with New Teacher

In recent developments, a young student has resumed piano lessons after a brief hiatus. Initially enrolled at the Piano Academy, where lessons progressed daily by one page, the student's father discontinued the lessons due to lack of practice. Following a renewed commitment to diligent practice, the father introduced the student to a new piano instructor. The new teacher's effective methods have already led the student to complete the first volume of Beyer and begin the second. The student is now on the verge of starting Czerny 100, eagerly anticipating further progress. Significant improvements in skill and proficiency have been noted, and continued advancement is expected. The aspiring pianist aims to achieve excellence in their musical journey.

젊은 피아니스트, 새로운 선생님과 함께 레슨 재개

최근 소식에 따르면, 한 젊은 학생이 짧은 휴식 후 피아노 레슨을 재개했습니다. 매일 한 페이지씩 진도를 나갔던 피아노 학원에 처음 등록한 이 학생은 연습 부족으로 인해 아버지에 의해 레슨이 중단되었습니다. 더 열심히 하겠다는 새로운 다짐 이후, 아버지는 학생에게 새로운 피아노 선생님을 소개했습니다. 이 새로운 선생님의 효과적인 지도 방법 덕분에 학생은 이미 바이엘 상권을 끝내고 하권을 시작했습니다. 학생은 이제 체르니 100번을 시작할 준비를 하고 있으며, 더 큰 성장을 기대하고 있습니다. 실력과 숙련도의 큰 향상이 관찰되었고, 지속적인 발전이 예상됩니다. 이 젊은 피아니스트는 음악 여정에서 우수성을 달성하는 것을 목표로 하고 있습니다.

톨스토이 문체 (Tolstoy Style) ▼

Title: The Piano Pursuit

In the serene days of early childhood, I embarked on the path of learning the piano. My initial foray was at the Piano Academy, where each day unfolded a new page. Yet, my father, seeing my lack of practice, ceased my lessons. With earnest promises to improve, he then introduced me to a new instructor. This teacher, with gentle patience and profound skill, guided me through the completion of the first volume of Beyer, and into the second. The horizon now beckons with the challenge of Czerny 100. Though the exact moment remains uncertain, my desire burns brightly. My abilities have grown significantly, and with the passage of time, I am certain they will continue to flourish. My soul yearns to become a pianist!

피아노 추구

어린 시절의 고요한 나날 속에서, 저는 피아노 학습의 길에 들어섰습니다. 처음에는 피아노 학원에서 매일 새로운 페이지를 넘기며 진도를 나갔습니다. 하지만 연습 부족을 본 아버지는 제 레슨을 중단하셨습니다. 열심히 하겠다는 진심 어린 약속과 함께, 아버지는 저에게 새로운 선생님을 소개해주셨습니다. 이 선생님은 부드러운 인내심과 깊은 능숙함으로 저를 바이엘 상권의 완성과 하권의 시작으로 이끌어주셨습니다. 이제 체르니 100번의 도전이 저를 부르고 있습니다. 그 정확한 순간은 불확실하지만, 제 열망은 뜨겁습니다. 제 능력은 크게 향상되었고, 시간이 지남에 따라 계속해서 번창할 것이라고 확신합니다. 제 영혼은 피아니스트가 되기를 갈망합니다!

인공지능 시대

챗GPT와 같은 인공지능 도구를 활용하여 여러분의 외국어 능력을 향상시켜가세요. 물론 외국어 공부를 게을리해서는 안 돼요. 학교에서 배우는 영어 공부는 물론이고, 자기만의 외국어 소통 능력을 갖추는 것은 여전히 소중한 노력이에요. 여러분이 꿈꾸는 미래를 이루기 위해서 반드시 필요한 능력 중 하나랍니다. 챗GPT를 통해 영어를 배우는 재미와 기쁨을 느껴보세요. 앞으로 세상은 여러분에게 더 많은 기회를 선물해줄겁니다.

TIP 챗GPT 질문 꿀팁

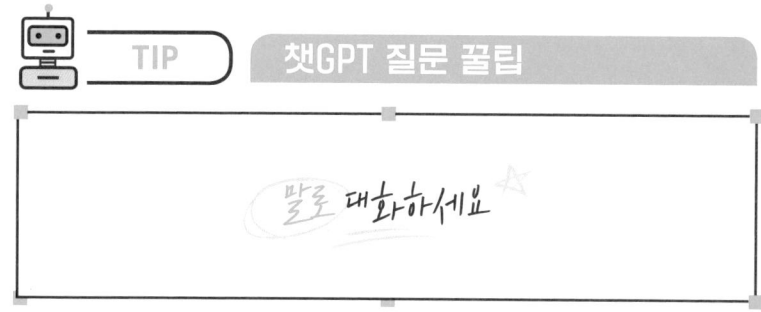

챗GPT와의 대화는 글로만 할 수 있는 게 아니에요. 말로도 할 수 있어요. 말로 대화하면 재미있고 편리하답니다.

챗GPT와 말로 대화하는 방법

1. 스마트폰의 챗GPT 앱 또는 웹사이트를 여세요.
2. 앱이나 웹사이트를 열면 헤드폰 모양의 아이콘이 있을 거예요. 보통 하단 채팅창 옆에 위치해 있어요.
3. 헤드폰 모양의 아이콘을 누르고 1~2초 후 궁금한 점이나 하고 싶은 말을 자연스럽게 말하세요. 예를 들어, "내일 날씨가 어때?" 또는 "소설 동물농장을 요약해줘"라고 질문하거나 요청해보세요.
4. 질문을 하면 챗GPT가 음성으로 답변해줄 거예요. 사람과 대화하듯이 답변을 듣고 이어지는 질문을 던지면 됩니다. 챗GPT는 맥락을 이해한 상태로 자연스럽게 대화에 응해줄 거예요.
5. 외국어 공부할 때 특히 유용해요. 챗GPT의 영어 발음을 들어보고 따라해보세요. 발음 수정에도 도움이 많이 될 거예요. "위에 있는 문장을 10번 반복해줘"라고 요청하면 그대로 응해줍니다. "천천히 10번 반복해줘"나 "빠르게 10번 반복해줘"라고 요청할 수도 있지요.

*주의

1. 챗GPT가 이해하기 쉽게 짧고 명확한 질문을 하세요.
2. 너무 빨리 말하지 말고 천천히 또박또박 말하세요. 말이 끊어지지 않은 경우에는 긴 질문을 해도 잘 알아듣습니다.
3. 챗GPT가 한 번에 이해하지 못한 경우에는 다시 한번 천천히 질문해보세요.

챗GPT와 말로 대화하는 기능만 잘 활용하면 더 재미있고 유익한 대화를 나눌 수 있을 거예요. 언제 어디서나 손쉽게 챗GPT와 소통하며 다양한 주제에 대해 더 많은 것을 배울 수 있어요. 친구들과 함께 챗GPT를 이용해보세요!

15
예측 질문으로 미래를 그리다

10년 후의 세상은 어떤 모습일까요? 기술이 얼마나 발전해 있을까요? 그때는 어떤 직업이 사라졌고 어떤 새로운 직업이 인기 있을까요? 누구나 살며 이러한 상상과 예측을 할 때가 있습니다. 이런 질문들은 우리의 호기심을 자극하고, 미래를 상상하게 만들지요.

예측은 전문가만 쓰는 기술이 아니에요. 우리는 일상에서 예측을 통해 많은 결정을 내리며 살아갑니다. 여러분이 시험공부를 할 때도 예측은 중요해요. 어떤 단원에서 어떤 문제가 출제될지 우리는 예상을 합니다. 그러면서 시험 문제가 출제될 가능성이 높은 단원에 많은 시간을 투자해 공부하지요. 누군가는 예측이 맞아 좋은 성적을 내고 누군가는 공부한 단원에서 문제가 출제되지 않아 시험을 망치기도 해요.

모든 게 예측한 대로 된다면 얼마나 좋을까요? 그러나 완벽한 예측은 거의 불가능한 일이지요. 다만, 예측의 가능성을 높이기 위해 사람들은 최선의 노력을 할 뿐이에요. 이러한 노력의 성공 여부에 따라 모든 분야에서의 성공과 실패가 결정된답니다. 스포츠 경기에서도 예측력은 중요하지요. 야구 경기를 할 때 상대 투수가 어떤 구질의 공을 던질 것인지를 예측하는 능력이 훌륭한 타자의 조건 중 하나예요. 축구에서도 뛰어난 골키퍼는 상대 스트라이커의 움직임을 분석해 공이 올 방향을 예측해 방어하지요.

예측은 누구나 할 수 있고 오늘도 우리는 예측하며 살아갑니다. 그러나 예측력은 누구나 갖고 있지 않아요. 주로 최고의 사고력을 가진 사람들에게서 발견되는 능력입니다. 그런데 챗GPT가 예측력을 높이는 데 큰 도움이 된다는 사실 알고 있나요?

많은 사람들이 챗GPT의 능력을 놀라워하는 이유는 뭘까요?

단순히 정보를 찾아주고 질문에 답해주기 때문만은 아니에요. 인간의 사고력이 챗GPT에게서 실현되고 있기 때문이에요. 물론 챗GPT가 최고의 예측력을 갖고 있는 것은 아니에요. 그런데 챗GPT를 잘 활용하기만 하면 우리의 부족한 사고력의 빈틈을 채우며 예측의 정확성을 높일 수 있답니다. 그러기 위해서는 예측을 가능하게 만드는 질문을 던져야 하는데, 그러려면 트리비움의 원리를 알고 트리비움에 근거한 질문을 던질 수 있어야 합니다.

챗GPT의 차별성은 트리비움에 있다

트리비움(trivium)이 뭐냐고요? 트리비움은 고대부터 유럽 교육의 핵심이었던 세 가지 학문 분야예요. 트리비움은 라틴어로 세 가지 배움을 의미하는 단어입니다. 세 가지 배움이란 문법, 논리, 수사를 의미하는데 인간의 지능을 구성하는 주요 요소들이죠. 챗GPT의 능력을 이 트리비움의 원리로 설명하면 이해하기 편하답니다. 챗GPT는 이 세 가지 능력이 탁월하게 훈련된 생성형 인공지능이에요. 우리가 던지는 모든 주제의 질

문에 대해 훌륭한 답변을 할 수 있는 것도 이 능력 때문이지요.

　첫 번째 능력은 문법이에요. 챗GPT는 이 능력을 통해 세상의 모든 정보를 빠르고 정확하게 학습하고 이해하며 여러분이 던지는 질문에 답할 수 있는 기초역량을 갖추었어요.

　두 번째 능력은 논리예요. 논리는 생각을 명확하고 일관성 있게 만드는 능력이에요. 챗GPT는 논리적인 사고를 통해 질문에 맞는 답을 찾아요. 단순히 학습한 정보를 찾아 전달하는 것을 넘어 정보를 분석하고 정보와 정보를 연결시켜가며 가장 좋은 답을 줄 수 있는 역량이 바로 논리랍니다. 우리가 질문을 어떻게 하느냐에 따라 챗GPT는 매우 논리적일 수도, 아니면 허위정보, 오류정보인 할루시네이션을 남발할 수도 있지요.

세 번째 능력은 수사학이에요. 수사학은 설득력 있게 말하고 글을 쓰는 능력을 말해요. 챗GPT는 이 능력을 통해 여러분이 이해하기 쉽게 답을 해줘요. 사람이라면 누구나 글쓰기에 부담을 느끼지요. 그런데 챗GPT는 하는 일 자체가 수사학, 바로 글을 쓰는 거예요. 말하는 능력도 탁월한데 점점 인간의 표현 방식과 비슷한 상태로 발전하고 있답니다. 앞에서 살펴봤던 챗GPT 질문의 기술들만 잘 활용하면 여러분이 원하는 답을 여러분이 원하는 톤과 스타일, 문체로 언제든 설명해주지요.

트리비움 예측 질문, 이렇게 하세요

챗GPT는 트리비움의 세 가지 능력을 모두 가지고 있어서 우리가 더 나은 질문만 던진다면 예측과 관련한 답변의 질도 높여갈 수 있어요. 그러면 어떻게 질문하면 좋을까요?

예측 질문을 던질 때 트리비움의 구조를 따라 질문해보세요. 예를 들면 "10년 후의 직업 변화에 대해 예측해줘"라는 질문을 던진다고 했을 때 다음과 같이 질문을 던져보는 거예요.

"10년 후의 직업 변화에 대해 예측해줘. 단, 답을 트리비움의 세 가지 구조를 따라 답변해줘."

그런데 챗GPT는 아직 트리비움의 구조대로 답해달라는 말이 어떤 의미인지 잘 모를 수 있어요. 그러니 질문에 친절한 설명을 추가해줘야 해요.

아래 예처럼 문법, 논리, 수사학의 1, 2, 3 단계별로 나눠서 질문을 던져보는 거예요.

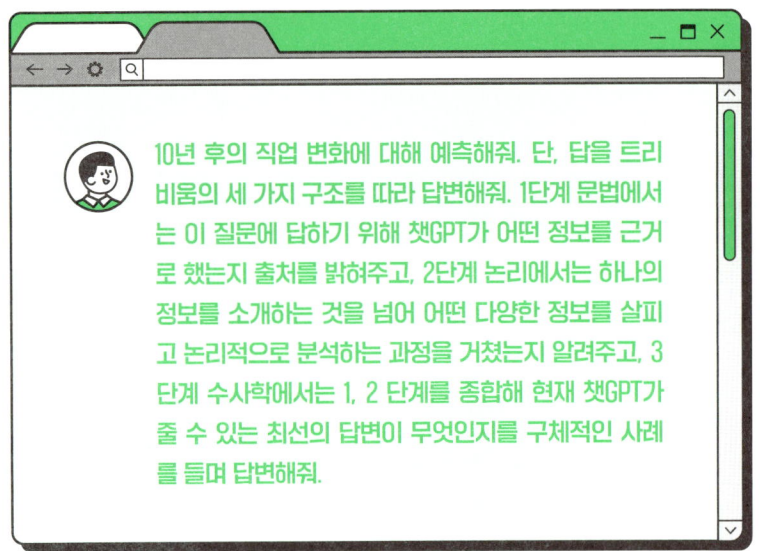

10년 후의 직업 변화에 대한 예측

1단계: 문법(Grammar)

이 질문에 답하기 위해 챗GPT는 다양한 출처의 정보를 참고했습니다. 주요 출처는 다음과 같습니다:

1. 세계경제포럼(WEF)의 "The Future of Jobs Report": 이 보고서는 노동 시장의 변화와 기술 발전이 직업에 미치는 영향을 분석합니다.
2. 맥킨지 글로벌 연구소(McKinsey Global Institute)의 "Jobs Lost, Jobs Gained" 보고서: 자동화와 인공지능이 직업에 미치는 영향을 다룹니다.
3. 옥스포드 대학의 "The Future of Employment: How Susceptible Are Jobs to Computerization?": 이 논문은 자동화 기술이 다양한 직업에 미치는 영향을 예측합니다.
4. 미래학자들과 경제 전문가들의 인터뷰 및 의견: 다양한 선문가들의 의견을 통해 직업 변화에 대한 종합적인 시각을 제공합니다.

2단계: 논리(Logic)

다양한 출처의 정보를 분석하고 논리적으로 연결하여 10년 후의 직업 변화를 예측했습니다.

1. 기술 발전: 인공지능(AI), 자동화, 로봇 공학 등 기술의 급격한 발전은 많은 직업을 대체할 것입니다. 예를 들어, 반복적인 작업을 수행하는 직업은 로봇이나 AI가 대체할 가능성이

큽니다.
2. 노동 시장 변화: 고령화 사회와 함께 젊은 인구의 감소로 인해 일부 직업은 수요가 줄어들 것입니다. 반면, 고령화로 인해 건강 관리 및 노인 돌봄과 관련된 직업은 증가할 것입니다.
3. 새로운 직업의 등장: 기술 발전에 따라 새로운 직업이 생겨날 것입니다. 예를 들어, 데이터 분석가, 인공지능 트레이너, 사이버 보안 전문가, 로봇 윤리 전문가 등이 포함됩니다.
4. 글로벌화와 원격 근무: 글로벌화와 원격 근무의 확산으로 인해 지리적 제약이 적은 직업이 증가할 것입니다. 예를 들어, 원격 의료 서비스, 온라인 교육, 디지털 마케팅 등이 있습니다.

3단계: 수사학(Rhetoric)
위의 분석을 종합하여 10년 후의 직업 변화를 구체적으로 예측하면 다음과 같습니다:
- 자동화에 의해 대체될 직업: 반복적이고 예측 가능한 작업을 수행하는 직업은 자동화될 가능성이 큽니다. 예를 들어, 제조업에서의 조립 작업, 데이터 입력 작업, 단순 회계 작업 등이 포함됩니다.
- 증가할 직업: 기술 발전과 사회적 변화에 따라 수요가 증가할 직업은 다음과 같습니다:
  - 데이터 분석가: 빅데이터의 중요성이 증가함에 따라 데이터를 분석하고 해석하는 전문가의 수요가 높아질 것입니다.

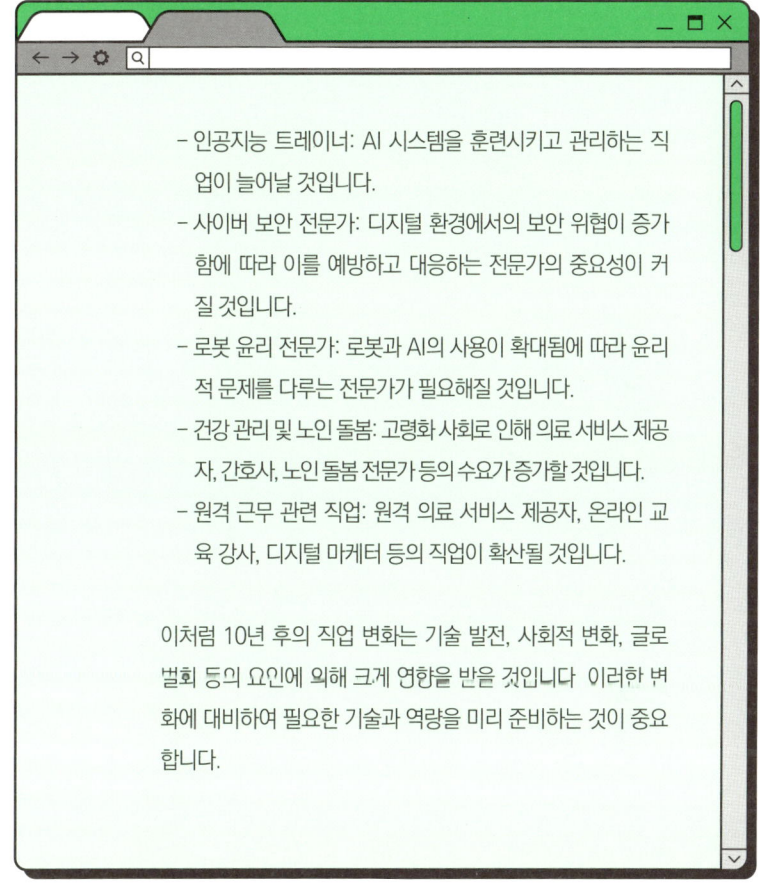

- 인공지능 트레이너: AI 시스템을 훈련시키고 관리하는 직업이 늘어날 것입니다.
- 사이버 보안 전문가: 디지털 환경에서의 보안 위협이 증가함에 따라 이를 예방하고 대응하는 전문가의 중요성이 커질 것입니다.
- 로봇 윤리 전문가: 로봇과 AI의 사용이 확대됨에 따라 윤리적 문제를 다루는 전문가가 필요해질 것입니다.
- 건강 관리 및 노인 돌봄: 고령화 사회로 인해 의료 서비스 제공자, 간호사, 노인 돌봄 전문가 등의 수요가 증가할 것입니다.
- 원격 근무 관련 직업: 원격 의료 서비스 제공자, 온라인 교육 강사, 디지털 마케터 등의 직업이 확산될 것입니다.

이처럼 10년 후의 직업 변화는 기술 발전, 사회적 변화, 글로벌화 등의 요인에 의해 크게 영향을 받을 것입니다. 이러한 변화에 대비하여 필요한 기술과 역량을 미리 준비하는 것이 중요합니다.

누구나 예측은 할 수 있어요. 하지만 세상에는 엉터리 예측이 너무나 많습니다. 엉터리 예측이 아닌 정확도를 높이기 위해서는 근거 자료가 정확해야 하지요. 결과로써의 예측을 가능하게 하는 논리가 탄탄해야 합니다. 그래서 모든 질문을 던질 때 트리비움의 3가지 구조에 따라 답변해달라고 요구하세요. 그리고 질문자인 여러분은 답변에 포함된 예측 근거, 문법과 논리의 내용을 점검해야 해요. 답변은 챗GPT가 줄 수 있지만 그것의 정확도를 높여가기 위한 팩트 체크 과정은 우리의 몫이랍니다.

챗GPT가 주는 답에만 의존하지 마세요. 여러분이 직접 공부해가며 챗GPT를 활용해가야 해요. 이 과정을 반복할 때, 여러분의 사고역량은 더욱 발전하게 될 거에요. 그럴수록 챗GPT를 활용하는 질문 능력은 향상될 것이고 챗GPT는 여러분의 예측력을 향상시켜주는 탁월한 도구가 되어줄 것입니다.

TIP 챗GPT 질문 꿀팁

My GPT에 '답변 시 기억하고 지켜야 할 항목들'을 등록하세요

챗GPT에게 던지는 질문에 대해 항상 일정한 기준 내 답변을 받고 싶나요? 그렇다면 My GPT에 미리 '답변 시 기억하고 지켜야 할 항목들'을 등록해보세요. 이 서비스를 이용하면 챗GPT는 여러분이 원하는 방식으로 일관된 답변을 줄 수 있습니다.

설차 안내

1. 먼저, My GPT 서비스는 챗GPT 유료 가입자에게 주어지는 서비스입니다. 22불(약 3만 원)의 월 회비를 납부하면 My GPT를 사용할 수 있습니다.
2. 챗GPT 유료 가입자로 등록했다면 챗GPT 우측 상단의 로고를 누르고 'My GPT' 페이지에서 'GPT 만들기'를 클릭하세요.
3. 'GPT 만들기'를 클릭하면 '만들기'와 '구성'이라는 페이지가 나옵니다. '만들기' 페이지 하단에 '메시지 GPT Builder'라는 글쓰는 공간이 있어요. 그곳에 예측 질문에서 던졌던 트리비움 질문의 기본 내용을 복사하거나 타이핑을 쳐서 넣으세요.

"나의 모든 질문에 답을 할 때는 아래의 기준에 따라 답변해줘.

모든 답을 트리비움의 세 가지 구조를 따라 답변해줘. 1단계 문법에서는 이 질문에 답하기 위해 챗GPT가 어떤 정보를 근거로 했는지 출처를 밝혀주고, 2단계 논리에서는 하나의 정보를 소개하는 것을 넘어 어떤 다양한 정보를 살피고 논리적으로 분석하는 과정을 거쳤는지 알려주고, 3단계 수사학에서는 1, 2 단계를 종합해 현재 챗GPT가 줄 수 있는 최선의 답변이 무엇인지를 구체적인 사례를 들며 답변해줘."

이렇게만 써넣으면 여러분은 기본 질문만 던져도 예측 질문에서와 같은 상세한 답변을 제공받을 수 있습니다. 추가로 여러 가지 답변 시 적용해야 할 기본 내용을 포함시켜도 됩니다."

- "모든 답변 뒤에는 답변을 읽고 생각해봐야 할 질문 2개를 항상 제시해줘."
- "내가 질문한 내용과 관련하여 세계에서 가장 권위자로 알려진 사람을 한 사람 추천해줘."
- "내가 질문한 내용을 더 깊이 공부하려고 할 때 중학생인 내가 읽을 수 있는 수준의 책도 1권 추천해줘."

에필로그

챗GPT와 함께
꿈을 향해 나아가세요

　제프 베이조스(Jeffrey Bezos)는 아마존이라는 세계적인 기업을 창업한 사람입니다. 아마존은 처음에는 책을 판매하는 온라인 서점으로 시작했어요. 지금은 전 세계적으로 모든 영역의 상품을 판매하는 세계 제일의 기업이 되었지요. 제프 베이조스는 여기서 머물지 않고 사업 영역을 확장해갔습니다. 지금은 클라우드 컴퓨팅, AI, 우주 개발 등 다양한 분야에 진출해 활동하고 있답니다. 그냥 도전하는 정도가 아니에요. 놀랍게도 새로운 분야 최선두에서 영향력을 나타내는 기업으로 활동하고 있지요.

　여러분은 스티브 잡스(Steve Jobs)가 누구인지 잘 알지요? 애플이라는 세계 최고의 기업을 만든 사람이에요. 애플은 우리가 매일 사용하는 아이폰, 아이패드 같은 혁신적인 제품을 만들어 낸 세계적인 기업이지요. 한때 스티브 잡스는 자신이 설립한 애플에서 쫓겨난 적도 있답니다. 얼마나 힘들었을까요? 그런데 그 시절에도 그는 "이제 내가 할 수 있는 최선은 무엇이지?"라고 질문을 던지며 좌절하지 않았다고 해요. 그리고 설립한 회사가 바로 애니메이션 그룹 픽사였어요. 픽사는 컴퓨터 애니메이션의 선두주자로 자리 잡았고, 〈토이 스토리(Toy Story)〉와 같은 혁신적인 영화를 통해 전 세계적으로 큰 성공을 거두었지요. 또한 넥스트라는 컴퓨터 회사를 설립하여 고급 컴퓨터 시장에서 독창적인 제품을 선보였어요. 이러한 성공에 힘입어 잡스는 다시 애플로 돌아왔고 아이맥, 아이팟, 아이폰 등 혁신적인 제품을 연이어 출시하며 회사의 부활을 이끌었답니다. 그래서 사람들은 애플의 스티브 잡스를 기업인 그 이상의 사람으로 기억하고 있습니다. 그는 물건을 만들어 파는 것을 넘어 새로운 문화를 만들고 전 세계 사람들에게 그 문화를 전파했기 때문이에요. 그의 기술과 디자인 분야의 혁신적인 생각은 오늘날 전 세계 사람들의 삶을 크게 변화시키며 새로운 시대를 이끌었답니다.

 제프 베이조스나 스티브 잡스가 이렇게 다양한 분야에서 이렇게 위대한 일을 해낼 수 있었던 비결은 무엇일까요? 수많은 요인을 이야기할 수 있겠지만 그 비밀의 핵심은 바로 질문의 힘이에요. 그들이 창조의 아이콘으로 불릴 수 있었던 것은 끊임없이 질문을 던지며 의문을 해소해가는 일에 최선을 다했기 때문입니다. 그들은 항상 '왜'와 '어떻게'라는 질문을 던졌어요. 이러한 질문은 그들이 세상을 다른 시각으로 바라보고, 새로운 가능성을 발견하도록 도왔습니다.

모두가 스티브 잡스나 제프 베이조스 같을 수는 없을 거예요. '그들은 특별한 사람들이잖아!' 생각하며 우리와 비교할 수 없다고 생각하는 친구들도 있을 거예요. 분명한 사실은 그들도 자신들의 그러한 미래를 알 수는 없었다는 겁니다. 다만, 어떤 일을 할 때마다 끊임없이 질문을 던지며 문제를 해결해나갔어요. 그 결과가 우리가 알고 있는 오늘 그들의 모습입니다. 여러분에게는 무한한 미래가 있습니다. 가능성이 있습니다. 더구나 우리에게는 잡스나 베이조스에게도 주어지지 않던 챗GPT와 같은 인공지능이 주어졌습니다. 스스로 생각하되 챗GPT를 잘만 활용한다면 나의 관심사, 나의 영역에서 잡스나 베이조스 같은 사람이 되지 말라는 법은 없습니다.

여러분은 어떤 미래를 꿈꾸고 있나요? 자신의 꿈을 실현하기 위해 무엇을 해야 할지 고민해본 적이 있나요? 오늘날 우리가 살아가는 이 시대는 과거 어느 때보다도 빠르게 변하고 있습니다. 이러한 변화 속에서 우리가 해야 할 일은 무엇일까요? 그 답은 바로 질문을 통해 찾아낼 수 있습니다. 여러분의 꿈이 무엇이든, 그 꿈을 이루기 위해서는 끊임없이 질문을 던지고 답을 찾아가는 과정이 필요합니다.

챗GPT를 활용하며 질문 능력을 세워가세요. 챗GPT는 여러분이 꿈꾸는 분야를 향해 문을 열고 나아가는 오늘의 최선의 도구입니다. 챗GPT를 잘 활용하며 질문 능력을 세우고 질문의 수준을 높여가는 일에 성공한다면, 여러분이 바라고 원하는 더 나은 미래를 만들어가는 일도 가능한 일이 됩니다. 여러분 모두 인공지능 시대를 관통하는 능력, 질문력을 세워감으로써 더 나은 미래를 디자인하는 능력을 갖춘 멋진 사람이 되길 바랍니다. 챗GPT와 함께 여러분의 꿈을 향해 나아가세요. 여러분의 열정과 호기심이 미래를 변화시키는 원동력이 될 것입니다.

공부력 상승 챗GPT
200% 활용법

초판 1쇄 2024년 9월 5일
초판 2쇄 2024년 12월 20일

지은이 장대은
펴낸이 허연
편집장 유승현

편집팀 정혜재 김민보 장아름 이예슬 장현송
마케팅 한동우 박소라 구민지
경영지원 김민화 김정희 오나리
디자인 ㈜명문기획

펴낸곳 매경출판㈜
등록 2003년 4월 24일(No. 2-3759)
주소 (04557) 서울시 중구 충무로 2(필동1가) 매일경제 별관 2층 매경출판㈜
홈페이지 www.mkpublish.com **스마트스토어** smartstore.naver.com/mkpublish
페이스북 @maekyungpublishing **인스타그램** @mkpublishing
전화 02)2000-2631(기획편집) 02)2000-2646(마케팅) 02)2000-2606(구입문의)
팩스 02)2000-2609 **이메일** publish@mkpublish.co.kr
인쇄 · 제본 ㈜M-print 031)8071-0961
ISBN 979-11-6484-708-2(73500)

ⓒ 장대은 2024

책값은 뒤표지에 있습니다.
파본은 구입하신 서점에서 교환해 드립니다.